Mythos
HAVANNA

Dieter H. Wirtz

Mythos
HAVANNA

Bildnachweis

Archiv des Autors: 74 (r.)

Archiv des Autors, Illustration Inge Ulbricht: 19 (l. o.)

Cigar Clan: 9, 13, 16, 23, 43, 49 (o.), 64, 65, 66, 68, 73, 74 (l.), 82 (l. o.), 85, 95, 97 (l.), 98, 99 (r.), 104, 107, 112, 120, 121, 125, 127 (l.), 129, 130, 132 (r.), 133,

Habanos S. A., Havanna: 6, 8, 10 (2), 17 (4), 18, 19 (r. u.), 20 (2), 21, 22 (2), 24, 25, 26, 27, 29, 30, 31 (2), 32, 33, 35 (2), 36 (3), 37 (3), 38, 39, 41, 47 (3), 50 (3), 51 (8), 52, 53, 54 (6), 55 (6), 57 (3), 58, 59, 61, 62 (4), 63, 67 (4), 69 (6), 70, 71 (5), 74 (4) Mitte, 76, 77, 78 (6), 79 (6), 80, 84 (3), 86, 89, 90 (6), 91 (5), 93, 96 (7), 97 (4) r., 99 (4) l., 100, 101, 102 (5), 103 (3), 105, 108, 111 (7), 114, 115 (4), 116, 117 (2) r., 118 (3), 119 (5), 122, 123 (8), 124, 126 (6), 127 (4) r., 128 (5), 131, 132 (5) l., 134 (5), 135, 136 (2), 137, 138, 139, 140/141, 141, 142 (2), 143 (2)

Kohlhase, Kopp & Co., Rellingen: 48

dpa, Frankfurt/Main: 14, 44, 45, 49 (l. u.), 82 (r.), 117 l.,

Fotolia: 11

© KOMET Verlag GmbH, Köln
www.komet-verlag.de
Autor: Dieter H. Wirtz
Gesamtherstellung: KOMET Verlag GmbH, Köln
ISBN 978-3-89836-746-2

Vorwort

Schon Jahrhunderte vor der Entdeckung Amerikas war die Zigarre als ritueller Gegenstand bei bestimmten Anlässen fester Bestandteil des kultischen und religiösen Lebens der präkolumbischen Einwohner. Auch die Zeremonie, bei der die Friedenspfeife im wahrsten Sinne des Wortes zum Zuge kam, war bei den Indianern Nordamerikas ein Akt, dem große Bedeutung beikam. Das Rauchen von Tabak setzte praktisch den Schlusspunkt, ja, die »Unterschrift« unter eine Vereinbarung bzw. unter einen Vertrag. Dabei handelte es sich, der jeweiligen Situation angemessen, um ein durchweg ernstes Ritual, bei dem der Genuss zweitrangig war.

Heutzutage gilt die Zigarre dagegen als reines Genussmittel – und dennoch: Wer sich beispielsweise abends, sozusagen nach den Mühen des Tages, eine Zigarre anzündet, der weiß zwar um den kommenden Genuss, aber auch um die Aufmerksamkeit, die ihm eine Zigarre während des Rauchens abverlangt. Eine Zigarre ist nicht einfach so »nebenher« zu rauchen wie etwa eine Zigarette. Das ist wohl auch der wesentliche Unterschied zwischen diesen beiden Tabakprodukten: Während das Rauchen von Zigaretten sehr leicht zur Sucht werden kann, hat das Rauchen von ein bis zwei Zigarren pro Tag weniger mit Sucht, sondern bedeutend mehr mit Genuss zu tun. Und hier schließt sich der Kreis: Das stilvolle Rauchen von Zigarren birgt auch heute noch sehr viel Rituelles in sich – wie sicherlich jeder überzeugte *Aficionado* bestätigen kann.

Bei dieser »Ritushandlung« kommt nicht selten etwas hinzu – etwas, das mit der Aura bestimmter Zigarren zu tun hat. Gibt es doch einige Marken, die, wenn sie denn schon keine Geschichte geschrieben haben, zumindest mit etlichen Geschichten in Verbindung gebracht werden, wobei so manche Geschichte zur Legende geworden ist. Unzweifelhaft gehören nicht wenige Havannas zur Gruppe jener Marken, die sich durch zahlreiche Anekdoten von anderen abheben. In der Gesamtheit macht das etwas ganz Bestimmtes aus: den »Mythos Havanna«.

Inhalt

- 9 Mythos Havanna
- 23 Vom Saatkorn zur Zigarre
- 43 Verwerfungen und Berichtigungen
- 47 **Legendäre (und unspektakuläre) Marken**
- 49 Belinda
- 50 Bolivar
- 52 Cohiba
- 62 Cuaba
- 65 Diplomáticos
- 65 El Rey del Mundo
- 67 Flor de Juan López
- 68 Flor de Rafael González
- 71 Fonseca
- 73 Gispert
- 73 Guantanamera
- 74 H. de Cabañas y Carbajal
- 75 Hoyo de Monterrey
- 81 H. Upmann
- 96 José L. Piedra
- 97 La Flor de Cano
- 98 La Gloria Cubana
- 99 Los Statos de Luxe
- 100 Montecristo
- 104 Partagás
- 114 Por Larrañaga
- 116 Punch
- 117 Quai d'Orsay
- 117 Quintero
- 119 Ramón Allones
- 120 Romeo y Julieta
- 125 Saint Luis Rey
- 126 Sancho Panza
- 127 San Cristóbal de La Habana
- 128 Trinidad
- 129 Troya
- 129 Vegas Robaina
- 134 Vegueros

- 135 **Formate**
- 136 Churchill
- 136 Corona
- 137 Culebra
- 139 Double Corona
- 140 Gran Corona und Grand Corona
- 140 Lonsdale
- 141 Panatela
- 142 Petit Corona
- 143 Pyramide
- 143 Robusto

Mythos Havanna

Von der Zigarre zur Havanna

La Habana, Hauptstadt der República de Cuba sowie der gleichnamigen Provinz, als Stadtprovinz Ciudad de la Habana genannt, verfügt über einen natürlichen Hafen an einer Bucht des Golfs von Mexiko, zählt etwas mehr als zwei Millionen Einwohner und erstreckt sich über 727 Quadratkilometer.

Das sind einige nackte Tatsachen über eine Stadt, bei deren Nennung nicht wenige Zeitgenossen, sofern sie keine eingefleischten *Aficionados* sind, erst einmal an die langen nackten Beine jener Kubanerinnen denken, die im weltberühmten »Cabaret Tropicana« als Tänzerinnen nicht nur viel Bein zeigen. Obwohl: Auch viele *Aficionados* denken bei dem Namen Havanna vorab an nackte Haut. Doch gehört diese nicht besagten Tänzerinnen, sondern jenen kaffeebraunen Schönheiten, die in großen Hallen Tag für Tag hunderte von Zigarren auf ihren nackten Oberschenkeln rollen.

Wie so vieles, das mit dieser Karibik-Metropole in Zusammenhang gebracht wird, gehört auch das in den Bereich der Legende.

Zocker und andere Zeitgenossen

San Cristóbal de La Habana – allein schon der eigentliche Name von Kubas Kapitale lässt das flirrende Treiben in dieser Stadt lebendig werden. Hier klingt die Musik des Salsa mit, jenes Tanzes, der Elemente des afrokubanischen Jazz, der mexikanischen Ranchera, der Rumba, des Bossa Nova wie des Latin Rock und der puertoricanischen Jibaro-Musik in sich vereint, die wiederum auf die volkstümliche kubanische Tanzmusik der 1930er und 1940er Jahre zurückgeht.

Da werden Erinnerungen wach an jene Zeit, als die Stadt zahlreiche Glücksritter und Lebemänner, Potentaten, Spieler und solche, denen das persönliche Vergnügen über alles ging, wie ein Magnet anzog. Die Vereinigten Staaten waren nicht weit, und was in Miami verboten war, das war es in Havanna noch lange nicht – und wenn doch, so ließ sich durch ein Bündel Dollarnoten Illegales in Legales umwandeln. Die Stadt quoll über von Bars und Bordellen, von Cafés und Casinos, und die altehrwürdigen kolonialen Bauten der Altstadt lieferten dazu eine Silhouette, die so gar nicht passte zu dem Treiben auf den Straßen, den Höfen und Hinterhöfen. Wer etwas auf sich hielt – und das taten sehr viele –, der stellte seinen Reichtum zur Schau, etwa, indem er sich mit einer jungen Kubanerin im Arm, einer Flasche Hochprozentigem auf dem Tisch und einer Havanna im Mundwinkel exhibitionierte.

Ja, die Havanna, sie war zu dieser Zeit schon längst eines der Symbole von Reichtum und Macht. Diejenigen, die es sich leisten konnten, eine Havanna nach der anderen zu rauchen, taten damit jedem kund, dass sie es »geschafft« hatten. Gleich-

wohl auch zum Synonym für feine Lebensart geworden, bewegte sich die Havanna sozusagen in »besseren Kreisen«, einerlei, ob den jeweiligen Kreisen Bankleute und Großindustrielle oder Generäle und Minister oder Honoratioren und Würdenträger oder Bildhauer, Komponisten, Maler, Musiker und Schriftsteller angehörten.

Señores mit Namen Rencurrel und Cabañas

Angefangen hatte das alles rund eineinhalb Jahrhunderte zuvor. Man schrieb das Jahr 1810. In diesem Jahr nahm nicht nur die erste Zigarrenmanufaktur auf nordamerikanischem Boden, und zwar in Hartford im Staate Connecticut, ihre Arbeit auf, sondern in diesem Jahr erschien auch ein gewisser Bernardino Rencurrel auf dem Registerbüro für Warenzeichen in Havanna, um dort seinen Namen eintragen zu lassen, welcher zugleich auch der seines Produkts war – einer Zigarre. Die erste Havanna-Marke war geboren.

Wie viele Zigarren Señor Rencurrel, seines Zeichens Tabakpflanzer und Zigarrenmacher, jemals produzierte und wie lange er jene Zigarren verkaufte, die seinen Namen trugen, ist nicht überliefert. Ein anderer Zigarrenmacher, der gleichfalls in ebendiesem Jahr den Namen seiner Zigarre als Warenzeichen registrieren ließ, war dagegen erwiesenermaßen sehr erfolgreich. Seine Marke gehörte bis weit ins 20. Jahrhundert zu den besten und bekanntesten Havannas, die auf dem Markt zu haben waren – erst die Entscheidung Castros, mit der »Siboney« nur noch eine einzige Zigarrenserie mit lediglich vier Formaten herstellen zu lassen, bedeutete das (vorläufige) Ende dieser Marke. Ihr Name: »Cabañas y Carbajal«. Auch als der *Máximo Líder* seinen Fehler korrigierte, fehlte ihr Name (zunächst) auf der Liste jener alteingeführten Havanna-Marken, die wieder produziert werden durften. Das hat sich mittlerweile geändert, denn von der »Cabañas« werden wieder einige (maschinengefertigte) Formate angeboten.

Zu erwähnter Zeit, also um 1810, gab es schon etliche Zigarrenmanufakturen auf Kuba, insbesondere in Havanna, doch waren die Señores Rencurrel und Cabañas die ersten,

die ihre Zigarren als Marken eingetragen wissen wollten. Die »H. de Cabañas y Carbajal«, so die vollständige Bezeichnung, war auch Namensgeber der *Fábrica,* in der die Zigarren hergestellt wurden. Das belegt ein Eintrag, der im Handelsregister Havannas zu finden ist und der die Zulassung einer Fabrik mit angrenzendem Verkaufsladen festhält. In diesem Eintrag von 1810 – wahrlich ein geschichtsträchtiges Jahr – ist unter anderem zu lesen: »Francisco Cabañas, geboren in Havanna, ledig, hat in der Jesus del Monte Avenida einen Laden eröffnet, der sich zuvor in der Calle Jesus Maria befand.«

Ein Genussmittel etabliert sich

Der nächste Eintrag im Warenzeichenregister von Havanna, der eine Zigarre betraf, erfolgte erst gut 20 Jahre später: »Por Larrañaga« ist dort 1834 festgehalten worden, womit diese Marke die zweitälteste Havanna ist, die heute noch hergestellt wird. Danach geschahen die Eintragungen in immer kürzerer Folge. Von den vielen Marken, die registriert wurden, seien jedoch nur die genannt, die bis in unsere Zeit überlebt haben: »Ramón Allones« (1837), »Punch« (1840), »H. Upmann« (1844), »Partagás« (1845), »El Rey del Mundo« (1848), »Romeo y Julieta« (1850) und »Hoyo de Monterrey« (1865).

Dass die kubanische Zigarrenindustrie gerade in dieser Zeit einen recht ansehnlichen Aufschwung nahm, hatte mehrere Gründe: Seit Mitte des 17. Jahrhunderts wurde nahezu der gesamte Rohtabak, der auf Kuba geerntet worden war, zur Iberischen Halbinsel verschifft, um dort, vornehmlich in Sevilla, zu Zigarren verarbeitet zu werden. Rund ein Jahrhundert später waren die Nachkommen der ersten spanischen Kolonisten auf Kuba dazu übergegangen, vermehrt selbst Zigarren herzustellen, nachdem sie den Anbau der Tabakpflanzen weiterentwickelt hatten. Als dann irgendwann zu Beginn der zweiten Hälfte des 18. Jahrhunderts Zigarrenmacher der »Königlichen Zigarrenmanufak-

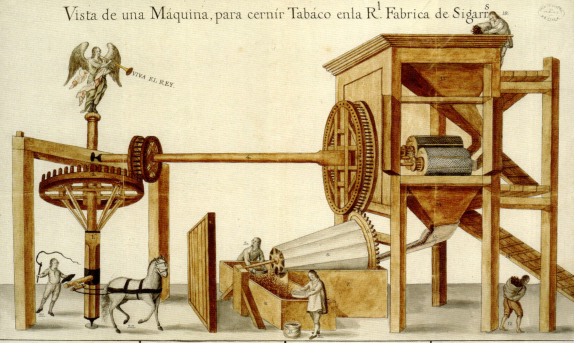

turen« von Sevilla bei irgendeiner Exportsendung feststellten, dass die aus Kuba importierten Blätter die Überseereise zwar nach wie vor überstanden, dass sie sich jedoch mit den in hervorragendem Zustand befindlichen fertigen Zigarren aus Havanna, die, in kleiner Zahl, ebenfalls die betreffende Reise angetreten hatten, absolut nicht messen konnten, mochten sie sich mit der Sekundärqualität immer weniger zufrieden geben. Als Folge ging die Zigarrenproduktion in Spanien allmählich zurück, während die auf Kuba in gleichem Maße anstieg. Um die Wende vom 18. zum 19. Jahrhundert wurde dann der Niedergang der spanischen Manufakturen endgültig eingeläutet.

Spanien und Kuba: Wechselbeziehungen

In der Folgezeit kehrten viele derjenigen Spanier, welche die Kunst der Zigarrenherstellung beherrschten, ihrem Heimatland den Rücken und ließen sich auf Kuba nieder, um dort der Tätigkeit nachzugehen, die sie beherrschten wie wenige andere: Sie machten Zigarren. Der eigentliche Aufschwung jedoch, den die Havannas im 19. Jahrhundert nahmen, ist in erster Linie auf ein Dekret König Ferdinands VII. von Spanien zurückzuführen, das im Jahre 1821 in Kraft trat. Hierin gewährte er der immer noch unter spanischer Herrschaft stehenden Insel Kuba freien Handel. Als dann noch gegen Mitte des 19. Jahrhunderts die Produktionstechniken in den *Fábricas* erheblich verbessert werden konnten und dadurch die Qualität der Zigarren kontinuierlich stieg, setzte ein erster wahrzunehmender Havanna-Boom ein.

Einer der steinernen Zeugen dieser ersten großen Blütezeit hat die Jahre des Aufschwungs mitgeprägt, hat die des zeitweiligen Niedergangs der Havanna überstanden und ist heute wieder einer der Pfeiler der kubanischen Zigarrenproduktion. Gemeint ist die von Jaime Partagás gegründete Fabrik, die 1845 (einige Quellen geben 1827, andere 1843 an) ihre Arbeit aufnahm und die seit dieser Zeit die »Partagás« herstellt, eine der Havannas, die auf eine lange Geschichte zurückblicken kann und die stets zu den Aushängeschildern kubanischer Zigarrenkunst gehörte.

»Flor de Tabacos de Partagás y Compaña« lautet die Bezeichnung des Firmennamens, vervollständigt durch den Zusatz »Fábrica de Cigarros Puros«, und auf der Frontseite des Gebäudes, noch heute Symbol der wechselvollen Geschichte der Havanna, lässt nach wie vor die in übergroßen Lettern zu sehende Aufschrift »Real Fábrica de Tabacos« etwas von dem Stolz erahnen, den Don Jaime, der Besitzer, gehabt haben muss, als die Manufaktur, gelegen in der Calle de la Industria No. 520 in einem Außenbezirk der Stadt, ihre Pforten öffnete.

Die Revolution frisst (vordergründig) stolze Namen

Heute heißt die Fabrik »Francisco Pérez Germán« – eine der Auswirkungen der Kubanischen Revolution, die für so viele Änderungen auf dem Wirtschaftssektor der Tabak- und Zuckerrohrinsel sorgte. Der neue Name erinnert an einen kubanischen Freiheitskämpfer, ebenso wie die Namen fünf anderer Fabriken in Havanna, in denen Zigarren hergestellt werden, die für den Export bestimmt sind. So trägt heute die frühere »El Rey del Mundo«-Fabrik den Namen »Carlos Baliño«, ist der Firmenschriftzug »H. Upmann« durch »José Martí« ersetzt worden, hat sich die »José L. Piedra«- zur »Héroes del Moncada«-Fabrik gewandelt, firmiert die damalige Produktionsstätte »La Corona« nun unter »Miguel Fernández Roig« und heißt eine der ehedem bekanntesten Fabriken nicht mehr »Romeo y Julieta«, sondern »Briones Montoto«. Lediglich die Fertigungsstätte »El Laguito« ist nicht nach einem kubanischen Heroen benannt, doch fällt ihr Entstehungs-

datum erst mit der Aufnahme der »Cohiba«-Produktion zusammen.

Die neuen Firmierungen der altehrwürdigen Fabriken wollen einem überzeugten Habanophilen so gar nicht über die Lippen kommen. Die ehemaligen Bezeichnungen gehören, zumal größtenteils identisch mit den entsprechenden Markennamen, wie ehedem zum Sprachgebrauch fast aller *Aficionados* – und so ist es auch in diesem Buch gehalten. Wenn von den Zigarrenfabriken Havannas, die überwiegend in der Altstadt (von der Unesco übrigens zum Kulturerbe der Menschheit erklärt) zu finden sind – wenn also von diesen Industriegebäuden die Rede ist, dann wird stets den historischen Bezeichnungen die Referenz erwiesen. Das fällt umso leichter, weil auch bei dem weitaus größten Teil der Kubaner die historisch-gewachsenen Namen Vorrang haben.

Produktionsstätten legendärer Havannas
Seite 17: links oben: Francisco Pérez Germán (Partagás),
links unten: Briones Montoto (Romeo y Julieta),
rechts oben: El Laguito – Hier wird die Cohiba hergestellt,
rechts unten: Miguel Fernández Roig (La Corona)
Diese Seite: José Marti (H. Upmann)

Aufdrucke, Prägestempel und Zertifikate

Abkürzungen der einzelnen Zigarrenfabriken waren bis vor einigen Jahren auf den Havanna-Kisten angebracht, in denen das »Gold Kubas« angeboten wird, und zwar als Teil eines Codes, der nicht nur die betreffende Fabrikationsstätte wiedergab, sondern der es auch ermöglichte, den jeweiligen Monat zu entziffern, in dem die Zigarren verpackt worden waren. Das hat sich mittlerweile geändert – lediglich die Monatsangabe ist noch von jenem Code geblieben.

Die Monatsangabe ist jedoch nicht das einzige Merkmal, das eine Havanna-Kiste auch als solche ausweist. Daneben gibt es noch drei Prägestempel, die ebenfalls auf der Unterseite der Kiste zu finden sind:

- »Habanos S. A.« steht für die staatliche kubanische Organisation, die in erster Linie für Marketing und Export verantwortlich zeichnet. Kisten mit dem Aufdruck »Cubatabaco« stammen übrigens aus der Zeit vor 1994, denn bis dahin oblag es allein dieser staatlichen (und noch heute existierenden) Gesellschaft, die Interessen der kubanischen Tabakindustrie zu fördern und zu vertreten.

- Schon seit 1960 existiert dagegen der Prägestempel »Hecho en Cuba«, der in Großlettern auf das Herstellungsland verweist. Er ersetzte ebenfalls einen anderen Aufdruck, denn vor der Machtergreifung Castros bezeugte der englischsprachige Hinweis »Made in Cuba« noch die Abhängigkeit der Tabak- und Zuckerrohrinsel von den Vereinigten Staaten. Die Heimat der »Gringos« gehört bekanntlich nicht gerade zu den Ländern, die auf der Beliebtheitsskala des *Máximo Líder* ganz oben angesiedelt sind.

- Im Jahre 1989 sahen sich dann die Kubaner genötigt, auf der Unterseite einer jeden Havanna-Kiste mit dem Schriftzug »Totalmente a mano« einen dritten Prägedruck anzubringen. Zuvor nämlich hatte die Agrarkommission der Europäischen Union in ihrem hinlänglich bekannten Regulierungswahn bestimmt, dass Zigarren, die nur teilweise von Hand gemacht werden, mit der Bezeichnung »hand made« versehen werden dürfen; er ersetzte den Hinweis »hand rolled«, der erkennen ließ, dass lediglich das Deckblatt per Hand um den zuvor maschinell gefertigten Wickel gerollt worden war. Die Bürokraten in Brüssel waren durch diesen Beschluss ihrer Politik des kleinsten gemeinsamen Nenners treu geblieben und hatten so wieder einmal dem Qualitätsanspruch, den viele Hersteller eines bestimmten Wirtschaftsbereichs an ihr Produkt stellen, einen Bärendienst erwiesen.

Zu den Aufdrucken und Prägestempeln gesellen sich noch zwei Aufkleber, die den »Hinweiskatalog«, der die Echtheit des Produkts dokumentieren soll, von staatlicher Seite her komplettieren. Da ist zum einen das erstmals 1912 verwendete Garantiesiegel der kubanischen Regierung, das einer US-Dollar-Note ähnelt, und zum anderen – zusammen mit einem stilisierten Tabakblatt – der Aufkleber »Habanos«, der nichts anderes heißt als »Havannas« und der seit 1994, angebracht meist an einer der beiden oberen Ecken des Deckels, jede Havanna-Kiste ziert.

Den staatlichen bzw. halbstaatlichen Güte- und Garantiesiegeln auf den Havanna-Kisten, die durch Aufdrucke, Prägestempel und Aufkleber dokumentiert werden, gesellen sich noch weitere Insignien kubanischer Lithografiekunst hinzu. So springt dem Betrachter einer Havanna-Kiste zunächst einmal die *Cubierta* ins Auge, jene Abbildung, die als Signet der Herstellerfirma beziehungsweise des Markennamens auf der Mitte des Deckels angebracht ist. Rein praktischer Natur, doch deswegen nicht weniger farbenprächtig, sind die langen, schmalen Papierstreifen, *Filetes* genannt, die über die Ecken und Kanten der Kiste ragen und sie versiegeln, damit das Aroma erhalten bleibt. Der *Tapaclavo* ist der (ovale oder rechteckige) Aufkleber, der über dem Nagel beziehungsweise dem Schnappverschluss angebracht wird, meist Hinweise auf die Herstellerfirma aufweist und ebenfalls der Versiegelung dient.

An weiteren Etiketten seien noch die zwei großformatigen Verzierungen erwähnt, die sich im Inneren der Kiste befinden. Da ist zum einen die *Vista,* die auf der Rückseite des Deckels angebracht ist, und da ist zum anderen der *Bofetón,* jener Druck auf dem Stück Papier, das, mit dem

Bodenpapier eine Einheit bildend, als Schutz der Zigarren dient und das nach vorn aufzuklappen ist, bevor eine Havanna entnommen werden kann. Bei beiden Abbildungen handelt es sich meist um äußerst farbenfrohe Lithografien, die, oftmals romantisch verklärt, besondere Begebenheiten in der Geschichte der Marke wiedergeben. Bleibt schließlich noch die Bauchbinde *(Anillo)* zu erwähnen, die eine jede Marke beziehungsweise Serie unverwechselbar macht.

Vom Saatkorn zur Zigarre

Der Weg vom Aussetzen des Saatguts bis zur Fertigung einer Zigarre – das ist ein langer Weg. Er unterteilt sich in zahlreiche Arbeitsschritte, und weit über 300 Handgriffe sind hierbei notwendig. Die mit hohem Arbeitseinsatz betriebene Aufzucht des Tabaks sowie dessen Verarbeitung tragen ebenfalls zur Aura der Havanna bei, denn es gibt auf der Welt nur wenige Produkte, deren Herstellung einen vergleichbaren Aufwand erfordert wie die einer Zigarre. Hinzu kommt: Alles ist reine Handarbeit. Doch der Reihe nach …

Hat eine Havanna den Weg in ihre Kiste gefunden, liegt eine lange Reise hinter ihr. Als Pflanze ist sie von vielen *Vegueros* auf den Feldern gepflegt worden, war Wind und Wetter ausgesetzt, kam nach der Ernte als Blatt in die Trockenschuppen. Das Blatt musste sich mehreren Fermentationen unterziehen, wurde gedreht, gewendet, kam mit Wasser in Berührung, ist schließlich mit anderen Blättern vom Torcedor zur Zigarre geformt worden, wobei sie durch zahlreiche Hände ging, ehe sie für würdig befunden wurde, in besagter Kiste ihren Platz als Havanna einzunehmen.

Der Boden wird bereitet

Bevor die Setzlinge in die Erde gelangen, muss zunächst einmal der Boden vorbereitet werden. Bei den Pflugarbeiten wird der *Veguero* lediglich von Zugtieren unterstützt, damit die einzelnen Bodenschichten so pfleglich wie möglich behandelt werden. Ein Traktor würde hier zu viel zerstören – also spannt der *Veguero* einen beziehungsweise zwei Ochsen vor den Karren (sprich Pflug). Die Bodenvorbereitung geschieht in den Monaten Juli und August. Weil die Wurzeln der Tabakpflanze sehr zart sind, benötigen sie, um richtig zu gedeihen, einen äußerst lockeren Boden. Der *Veguero* ist deshalb genötigt, die Felder mehrere Male zu pflügen, wodurch auch die vorhandenen Wildkräuter zu natürlichen Nährstoffen für den Boden werden.

Ein Wort zu den Nährstoffen. Ihr ausgeglichener Haushalt ist enorm wichtig für

Späte Folge: Gelangen solche Blätter zur Verarbeitung, werden die Zigarren ein unbefriedigendes Brandverhalten zeigen.

Ende August, Anfang September wird das Saatgut eingepflanzt. Dann, nach ziemlich genau 45 Tagen, wenn die Setzlinge eine Höhe von 15 bis 20 Zentimetern erreicht haben, werden sie umgesetzt. Nach dem Verpflanzen, das stufenweise durchgeführt wird, benötigen die Tabakpflanzen erneut 45 Tage, manche aber auch bis zu 50 Tage, ehe sie letztendlich ihre volle Reife erzielt haben.

Pflege, Kontrolle und der Kampf gegen Widrigkeiten

die Qualität der späteren Tabakblätter – und somit für die der späteren Zigarren. Chlor, Kalium, Kalzium, Magnesium, Phosphor und Stickstoff sind beim Tabakanbau die wichtigsten Nährstoffe. Ist zum Beispiel ein Zuviel an Kalzium vorhanden, werden die Blätter sowohl blass als auch brüchig und wellig, wodurch das Wachstum gehemmt wird.

Während dieser Zeit sind intensive Pflege und regelmäßige Kontrolle oberstes Gebot für die *Vegueros*. Da gilt es zunächst einmal, ständig Keime und Seitentriebe der Pflanze zu entfernen, um so das Wachstum zu fördern. Darüber hinaus ist das Unkraut zu jäten und auf Schädlinge zu achten. Gerade die Bekämpfung von Schädlingen ist unerlässlich, denn wenn sie sich einmal festgesetzt haben, kann es schnell zu erheblichen Schäden an den Tabakpflanzen kommen, was wiederum zu einem spürbaren Ernte- und Produktionsausfall führt. 1980 beispielsweise war ein schicksalsträchtiges Jahr auf Kuba: Nahezu alle Tabakpflanzen waren von Blauschimmel befallen, und bei der Ernte konnten nur noch wenige Prozent der vorgesehenen Menge gerettet werden. Es dauerte seinerzeit einige Jahre, bis sich die kubanische Zigarrenindustrie davon erholt hatte. Seitdem ist immer wieder mit Züchtungen experimentiert worden – mit dem Ziel, schließlich über Pflanzen zu verfügen, die in hohem Maße schädlingsresistent sind. Einer jener von den Kubanern entwickelten Hybriden, »Havana 2000«, erfüllte zwar die gestellten Forderungen, ließ aber hinsichtlich der Tabakqualität zu wünschen übrig. Vor diesem Hintergrund ist es verständlich, dass ständig geforscht und experimentiert werden muss, um die hohe Qualität des kubanischen Tabaks zu erhalten, womöglich noch zu steigern, gleichzeitig jedoch durch Züchtungen Pflanzen hervorzubringen, die Schädlingen etwas entgegenzusetzen haben.

Einer dieser Schädlinge, der in den Zigarrenfabriken sein Unwesen treibt, führt den harmlosen Namen »Tabakkäfer«. Dieser *Lasioderma,* so die lateinische Bezeichnung, heißt im Spanischen sinnigerweise *Perforador del Tabaco*. Nomen est omen, kann man da nur sagen, denn der *Lasioderma*, dieses recht miese Geschöpf, »perforiert« förmlich jedes Tabakblatt, dessen er habhaft werden kann. Als Ei in das Tabakblatt gelegt, entwickelt sich die Larve in etwas mehr als 20 Tagen zu einem Wurm, um sich letztendlich, sobald er die entsprechende Größe erreicht hat, in einen Käfer zu verwandeln, dessen einziges Streben darin besteht, ohne Unterlass winzige Löcher und Gänge in das Tabakblatt zu fressen, das dann letztendlich als solches nicht mehr zu bezeichnen ist.

Nicht nur hinsichtlich der Resistenz ist die Neuzüchtung von Tabakpflanzen ein höchst spannender Bereich. Zumeist geht es dem *Tabacalero* um eine Bereicherung für die Tabakfamilie hinsichtlich Aromenentfaltung und/oder Stärke, aber auch um einen Tabak, der verbesserte Brenneigenschaften besitzt und/oder eine intensivere Würze aufweist.

Corojo und Criollo

Zurück zur Pflege der Tabakpflanzen. Sobald sie ihre volle Höhe erreicht haben, entfernen die Vegueros die Blüten. Auf diese Weise wird die Wachstumskraft der Pflanzen auf die Blätter konzentriert, die dadurch einen letzten dynamischen »Schub« erhalten, um sich voll zu entfalten. Gilt das für alle Pflanzen, so muss an dieser Stelle die Zeit etwas zurückgedreht werden, um auf zwei unterschiedliche »Pflegeprogramme« hinzuweisen.

Da ist zunächst die Corojo-Pflanze. Sie sorgt für die so wichtigen Deckblätter. Damit diese Blätter später ein ebenmäßiges, glattes, seidiges Aussehen haben, dürfen sie nicht beziehungsweise nicht ständig der direkten Sonneneinstrahlung ausgesetzt werden. Deshalb überspannen die *Vegueros* schon kurz nach dem Setzen der Pflanzen die weiten Flächen der Tabakfelder mit Gazetüchern. Im Gegensatz dazu werden die Criollo-Pflanzen bewusst der Sonne ausgesetzt. Dadurch erzielen die *Vegueros* eine größere Bandbreite an Geschmacksrichtungen. Diese Bandbreite ist für die verschiedenen Tabakmischungen, die für die jeweiligen Havanna-Marken erforderlich sind, einfach

unerlässlich. Es gibt zwar noch weit mehr Arten von Tabakpflanzen als die genannten, doch sollen diese zwei zum (leichteren) Verständnis genügen.

Ziemlich genau 50 Tage nach dem Verpflanzen beginnt dann das Einbringen der Ernte, wobei jedes einzelne Blatt von Hand gepflückt wird. Da sich auf der Corojo-Pflanze acht bis neun Blattpaare befinden, die jeweils unterschiedliche Reifezeiten haben, werden nach und nach auch nur die Blätter gepflückt, die reif sind. Weil dies in Intervallen von sechs bis sieben Tagen vor sich geht, werden rund 40 Tage benötigt, bevor eine einzelne Corojo-Pflanze abgeerntet ist. Bei dieser Pflanze unterscheiden die *Vegueros* zwischen folgenden Blättern (von unten nach oben): *Libre de pie, Uno y medio, Centro ligero, Centro fino, Centro gordo, Corona.*

Criollo-Pflanzen tragen dagegen sechs bis sieben Blattpaare, die in *Ligero, Seco* und *Volado* unterschieden werden. Die Blätter, die sich unten an der Pflanze befinden, weisen, da sie den meisten Schatten hatten, das geringste Aroma auf, haben aber gegenüber den anderen Blättern die besseren Brenneigenschaften. Weil die Blätter am oberen

Teil der Pflanze am stärksten der Sonne ausgesetzt gewesen sind, verfügen sie demzufolge über ein ausgeprägteres Aroma.

Von den Feldern über die Häuser ins Lager

Sowohl die Corojo- als auch die Criollo-Blätter werden nach der Ernte in die *Casas del tabaco* gebracht, auf den Feldern stehende Tabakhäuser, damit sie an der Luft auf natürliche Weise trocknen können. Diese Trocknungsphase ist ein aufwändiger Prozess, denn die an langen Holzstangen *(Cujes)* befestigten Blätter werden einer ständigen Kontrolle unterzogen, wobei durch Umhängen der Stangen – sie befinden sich zunächst in Bodennähe, um dann immer höher gehängt zu werden – eine gleichmäßige Temperatur und eine konstante Feuchtigkeit der Blätter gewährleistet wird. Diese Trocknungsphase erfolgt über eine Dauer von etwa 50 Tagen. Während dieser Zeit werden die Blätter zunächst gelb, um dann, aufgrund natürlicher Oxidation,

jene goldbraune Farbe anzunehmen, die vielen Havannas eigen ist. Nun kann die erste Fermentation beginnen ...

Zunächst jedoch packen die *Tabacaleros* die Blätter in Bündel *(Gavillas)* zusammen. Im Fermentationshaus angelangt, schichtet man sie nun zu Stapeln *(Pilones)* auf, die mehr als 60 Zentimeter hoch sind. Die erste Fermentationsphase dauert bis zu 30 Tage. Dabei werden die Stapel stän-

dig kontrolliert. Übersteigt die Temperatur eines Ballens 35° Celsius, löst man ihn auf, damit die Blätter abkühlen, bevor man sie wieder übereinander schichtet. Durch diese Phase erfährt der Harzgehalt der Blätter eine deutlich spürbare Reduzierung – wodurch sie biegsamer werden und sich später besser verarbeiten lassen. Außerdem nehmen die Blätter während dieses Prozesses eine gleichmäßigere Farbe an.

Bevor die zweite Fermentation beginnt, werden die Blätter zunächst befeuchtet, um so eine Verfärbung zu vermeiden. Danach lässt man die Corojo-Blätter, also die Decker, nach einem ersten Aussortieren erst einmal ruhen, während man von den Criollo-Blättern, die ja für Einlage und Umblatt vorgesehen sind, die Haupttrippen entfernt. Anschließend werden sie nach Größe, Farbe, Beschaffenheit und Art des Blattes sortiert.

Für die zweite Fermentationsphase werden die Blätter erneut zu Bündeln zusammengefasst und abermals zu Stapeln *(Burros)* geschichtet, diesmal jedoch zu viel größeren. Da die Blätter noch Feuchtigkeit aufweisen, wird, unterstützt durch die Größe der *Burros*, eine noch stärkere Fermentation ausgelöst. Hierbei durchläuft der Tabak eine chemische Veränderung, wodurch die Entwicklung seiner Aromen sowie der Abbau der restlichen Fremdstoffe gefördert wird. Während dieser Phase darf die Temperatur die 42°-Celsius-Grenze nicht überschreiten.

Jetzt ist Ausruhen angesagt. Das geschieht, indem man die Blätter auf Belüftungsgestelle legt. Gleichzeitig verlieren sie so ihre letzte überschüssige Feuchtigkeit. Ist die Ruhephase beendet, werden die Blätter wiederum verpackt, diesmal jedoch in vorgefertigte Ballen, *Tercios* genannt. Diese *Tercios* stellt man übrigens aus der Rinde der Königspalme Yagua her. So will es die Tradition.

Nun verbleiben die *Tercios* in den Lagerhäusern, bis sie von den jeweiligen Zigarrenfabriken angefordert werden. Die Verweildauer beträgt nicht selten einige Monate, kann sich aber auch über einen Zeitraum erstrecken, der mit-

unter in Jahren zu zählen ist. Das beeinträchtigt die Qualität des Tabaks nicht im Geringsten – im Gegenteil: Während dieser Zeit durchlaufen die Blätter einen Ablagerungsprozess, der die Entwicklung ihres Aromas nochmals fördert. So zeigt es die Erfahrung.

Nackte Oberschenkel und große Erfahrung

Nach der Ankunft der *Tercios* in den Zigarrenfabriken werden die einzelnen Blattarten wieder unterschiedlich behandelt. Zunächst einmal erfordert die äußerst empfindliche Beschaffenheit der Deckblätter besondere Aufmerksamkeit. Schließlich sollen sie ja wieder ihre Geschmeidigkeit und ihren seidigen Glanz erhalten. Das geschieht durch einen speziellen Befeuchtungsprozess, der nur in den ersten Morgenstunden, wenn es noch kühl ist, vorgenommen werden kann. Die Entfernung des dabei anfallenden überschüssigen Wassers wird durch Schütteln der Blätter sowie dadurch erzielt, dass man sie über Nacht aufhängt. Die noch vorhandene Feuchtigkeit kann sich so gleichmäßig über das gesamte Blatt verteilen.

Der nächste Morgen gehört den *Despilladoras,* den Entripperinnen, welche die Mittelrippe der Deckblätter beziehungsweise *Capas* entfernen, indem sie jedes einzelne Blatt halbieren. Bei dieser Tätigkeit kommen nun tatsächlich die nackten Oberschenkel ins Spiel, denn für die *Despilladoras* ist es bedeutend leichter, die Rippen zu entfernen, wenn die Blätter auf ihren Oberschenkeln anstatt auf einem Tisch liegen. Anschließend beginnt die Arbeit der *Rezagadoras.* Ihnen obliegt es, die *Capas* nach Farbe, Größe und Struktur zu sortieren. Jetzt sind die Deckblätter zur weiteren Verarbeitung bereit.

Die Behandlung der anderen Blattarten weicht von jener der *Capas* gründlich ab. Im Gegensatz zu den Deckblättern benötigen sie keine Befeuchtung. Dafür ist die Zeit ihrer Ablagerung enorm wichtig. Benötigen die *Volados* ungefähr ein Jahr Reifezeit, brauchen die *Secos* schon etwas länger, während bei den vollaromatischen *Ligeros* wenigstens zwei Jahre für ihre endgültige Reife anzusetzen sind.

Die Überwachung dieses Prozesses obliegt dem Mischmeister. Für diese Arbeit greift man auf erfahrene *Tabacaleros* zurück, denn sie haben letztlich zu entscheiden, wann ein jedes einzelne Blatt einer jeden einzelnen Blattsorte zur Mischabteilung »zugelassen« wird.

Setzt man für die Überwachung des Reifeprozesses auf einen erfahrenen Mischmeister, so braucht man für das Mischen der Einlage einen verschwiegenen *Tabacalero* – unterliegt doch jede Rezeptur für die Einlage-Mischung einer Havanna-Marke absoluter Geheimhaltung. Bekannt ist dagegen: Enthält eine Einlage mehr *Seco*- und *Volado*- als *Ligero*-Blätter, so wird die fertige Zigarre mild im Geschmack sein, während ein hoher *Ligero*-Anteil für einen starken Körper sorgt. Nach besagter »geheimen« Tätigkeit werden den *Torcedores* schließlich Mischungen ausgehändigt, die für die Herstellung von 50 Zigarren vorgesehen sind.

Nun erhält die Zigarre ihre Form – die Arbeit des *Torcedors* beginnt. Für seine Tätigkeit benötigt er lediglich einen Tisch, eine scharfe Klinge, *Chaveta* genannt, einen feststehenden Zigarrenabschneider, einen Topf mit pflanzlichem Klebstoff sowie die *Tabla,* ein rechteckiges Holzbrett, das ihm als Arbeitsunterlage dient. Zunächst rollt der *Torcedor* die Einlage *(Tripa)* in das Umblatt *(Capote)* und bildet so den Wickel beziehungsweise die Puppe *(Bonche).* Danach schneidet er das Deckblatt mit der *Chaveta* auf die benötigte Größe zu, um es dann langsam über den Wickel zu rollen. Nun nimmt er ein kleines Stück Deckblatt und bildet damit die Kappe am Kopf der Zigarre. Schließlich legt er die Zigarre in den Abschneider, um mit Hilfe eines Hebelmessers das Brandende auf die vorgesehene Größe zu beschneiden.

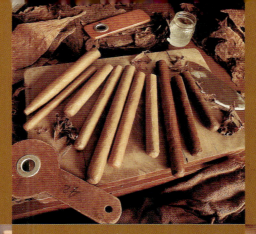

Die letzten Schritte

Bevor nun eine Havanna den Weg in ihre Zigarrenkiste – und damit endlich Ruhe – findet, muss sie zunächst noch einige Stationen durchlaufen. Diese Stationen dienen vor allem der Kontrolle und der (späteren) Präsentation. Nicht alle, aber einzelne Bündel, die der *Torcedor* fertig gestellt hat, gelangen zunächst auf den Tisch des *Tasadors*. Das ist der »Verkoster«. Er entnimmt einem Bündel die eine und andere Zigarre und überprüft deren Qualität – und das kann er nur, indem er sie raucht. Anschließend leitet er das Bündel an den *Controllador* weiter. Dessen Aufgabe ist es, einzelne Zigarren des Bündels auf Form, Länge, Umfang und Gewicht in Augenschein zu nehmen. Stellt nun ersterer eine mangelnde Qualität oder letzterer Überschreitungen der vorgegebenen Toleranzgrenzen fest, so werden die entsprechenden Zigarren nicht freigegeben.

Nun kommt die fertige Zigarre erst einmal zur Ruhe. Die nächste Station ist nämlich der Klimaraum. In diesem Raum, der mit hohen Regalen aus Zedernholz ausgestattet ist, werden die Zigarren für mindestens drei Wochen, bisweilen auch für mehrere Monate unter idealen Bedingun-

gen eingelagert. Das bedeutet: Die Temperatur liegt hier zwischen 16° und 18° Celsius bei einer relativen Luftfeuchtigkeit zwischen 65 und 70 Prozent. Der Aufenthalt dient darüber hinaus noch einem sehr nützlichen Zweck: Die Zigarren geben hier noch einmal Feuchtigkeit ab, und zwar die, die sie während der Herstellung aufgenommen haben.

Es folgen jetzt noch das Sortieren der einzelnen Zigarren nach Farbnuancen und das Anbringen der Bauchbinden, bevor jede einzelne Havanna ihren Platz in einer der meist farbenfrohen Kisten einnimmt. Nachdem dann die Kiste mit den entsprechenden Garantiesiegeln versehen worden ist, können die Havannas endlich die Reise in ein fernes Land antreten, in dem sie schließlich von einem *Aficionado* erworben und letztendlich auch geraucht werden.

Ist dieser Mensch jemand, der nicht nur dem oberflächlichen Konsum nachhängt, so wird er sich seine Zigarre eventuell mit einer gewissen Ehrfurcht anzünden – schließlich waren rund 170 Arbeitsschritte notwendig, um aus einem Saatkorn eine Zigarre werden zu lassen.

Der Tabak diktiert den Rhythmus, und die Menschen formen den Tabak

Zahlreiche *Tabacaleros* – so der Ausdruck für sämtliche Arbeiter und Angestellte der Tabakindustrie – waren daran beteiligt. Besonders mühevoll ist dabei die Arbeit der *Vegueros*, der Tabakbauern, die auf den *Vegas*, den Tabakfeldern, für die Aussaat der Tabaksamen, die Aufzucht und Pflege der Tabakpflanzen sowie schließlich für die Ernte der Tabakblätter verantwortlich sind.

Eine ganz besondere Rolle auf dem Weg des Tabaks zur Zigarre spielt der *Torcedor*, der Zigarrenroller. Mit ihm stehen und fallen die Anstrengungen all derer, die vor ihm den Tabak auf den Feldern gepflegt, und all jener, welche die geernteten Blätter behandelt haben, damit er aus letzteren Zigarren rollt.

Obwohl die Arbeit aller anderen *Tabacaleros* nicht als minderwertig abgetan werden soll, ist der *Torcedor* – zusammen mit dem *Ligador* – das wohl wichtigste Glied in der langen Kette all derer, die auf den Feldern, in den Tabakhäusern und den Fábricas tätig sind. Liefert der *Torcedor* nämlich schlechte Arbeit ab, so waren die bisherigen Mühen der *Tabacaleros* praktisch umsonst.

Das erklärt auch, warum die Ausbildung zum Zigarrenroller die längste aller *Tabacaleros* ist – sie erstreckt sich im Durchschnitt über ein Jahr, wobei es von Fabrik zu Fabrik geringe Unterschiede in der Dauer geben kann. Indes: Der eigentliche Weg zum *Torcedor* beginnt danach, denn durch jahrelange Erfahrung erlangt der Zigarrenroller erst jene schlafwandlerische Fähigkeit, die es ihm erlaubt, auch die schwierigen Formate perfekt herzustellen.

Oft taucht die Frage auf, wie viele Zigarren ein erfahrener *Torcedor* pro Tag fertigt. Das hängt natürlich von der Größe des Formats, mehr jedoch noch vom Format selbst ab, denn eine »Corona« beispielsweise ist leichter zu rollen als etwa eine »Pyramide« oder gar eine »Torpedo«. Außerdem nutzt eine hohe Stückzahl herzlich wenig, wenn dabei die Qualität zu kurz kommt. Doch ganz pauschal ist zu sagen: Ein guter *Torcedor* stellt pro Tag ungefähr 120 bis 150 Zigarren erster Güte eines Formats wie der »Corona« her.

Kurzweil in der »Galeere«

Der Raum, in dem die *Torcedores* ihre Zigarren rollen, heißt übrigens *Galera*. Dieser Ausdruck geht auf das erste Drittel des 19. Jahrhunderts zurück, gegen dessen Ende die Nachfrage nach kubanischen Zigarren ständig stieg – kurz darauf setzte ein wahrer Havanna-Boom ein. Da zu der Zeit Arbeitskräfte rar waren und sich die Besitzer der zahlreichen Manufakturen weigerten, auf Sklaven zurückzugreifen, wurden Sträflinge für diese Arbeit herangezogen. Und da so mancher Gefängniskeller an einen Schiffsbauch erinnerte, heißt der Arbeitsraum der *Torcedores* noch heute wie der Bauch eines Schiffes, in dem Sklaven auf den Ruderbänken ein klägliches Dasein fristeten.

Da ist die Arbeit in einer heutigen kubanischen *Galera* bedeutend angenehmer, nicht zuletzt auch deshalb, weil die Arbeiter unterhalten werden. Das geschieht in Gestalt eines *Lectors,* den es in dieser Funktion nur auf Kuba gibt. Er fungiert in des lateinischen Wortes wahrster Bedeutung, nämlich als Leser, genauer gesagt als Vorleser. So bringt er den *Torcedores* während ihrer Arbeit Werke zeitgenössischer Autoren, aber auch solche der Weltliteratur zu Gehör, liest ihnen ferner die neuesten Nachrichten aus der »Granma« vor, der Parteizeitung der »Partido Comunista de Cuba«, unterbrochen lediglich vom Radio, aus dem dann auch westliche Hits und Songs ertönen.

Schon vor einigen Jahrzehnten ist die erste *Fábrica* auf Kuba dazu übergegangen, den *Lector* ganz oder teilweise durch Lautsprecher zu ersetzen, aus denen dann Sprach- und Musikbeiträge aus dem Radio blechern ans Ohr dringen. Andere sind dem Beispiel gefolgt. Wann jedoch – oder ob überhaupt – der letzte *Lector* seinen letzten Beitrag beendet haben wird, bleibt abzuwarten. Jedenfalls gibt es die Institution *Lector* wie ehedem. Ehedem – das war 1850, als solch ein *Lector* erstmals die Galera der »Partagás«-Fabrik betrat, sich dann zu einer pultartigen Erhöhung begab, dort einen Stuhl zu sich heranzog und mit dem Vorlesen begann.

Bald gab es in jeder Fabrik einen *Lector,* und so wurden denn Tag für Tag die *Torcedores* in des Wortes doppelter Bedeutung »belesen«. Werke von Honoré de Balzac, Charles Dickens, Alexandre Dumas, des Älteren wie des Jüngeren, in neuerer Zeit von William Faulkner, Ernest Hemingway und Joseph Conrad – um nur einige Namen zu nennen – trugen (und tragen) jedenfalls erheblich zur Erweiterung der Bildung bei den Zuhörern bei.

Während Kuba heute weltweit zu den Ländern mit den niedrigsten Analphabetenraten gehört, Bildung und Wissen also allen Mitgliedern der Gesellschaft vermittelt werden, sah das Bild in diesem Bereich bis zur Machtergreifung Castros erschreckend anders aus. Vor jenem Hintergrund nahmen die *Torcedores* der Zigarrenfabriken eine besondere Stellung innerhalb der arbeitenden Bevölkerung ein. Durch dieses Privileg, einen *Lector* zu haben, der ihnen Teile der Weltliteratur vermittelte, galten sie als die »Intellektuellen des Proletariats«.

Verwerfungen und
Berichtigungen

Eine frühe Illustration (1493)
zeigt Zigarren rauchende indianische Ureinwohner.

Als die Europäer nach der Entdeckung des für sie neuen Kontinents erstmals kubanischen Boden betraten, trafen sie nicht, wie von Kolumbus erhofft, auf »gelbes Gold«, sondern machten unter anderem Bekanntschaft mit dem »braunen Gold«. Natürlich wussten die unter spanischer Flagge kreuzenden Seefahrer nicht um diesen Begriff, da ihnen ja die Existenz des Tabaks unbekannt war, und so konnten sie auch nichts mit jenen »rauchenden Kolben« anfangen, die so mancher *Taino,* wie sich die Ureinwohner Kubas nannten, in der Hand hielt, bisweilen an seinen Mund führte, um kurz darauf von einer Rauchwolke umgeben zu sein.

Wenn man so will, kann Kuba auf eine über fünfhundertjährige Tradition in Sachen Tabakanbau und -verarbeitung zurückblicken. Hier von »Zigarrenherstellung« zu sprechen, träfe recht ungenau den wahren Umstand, denn die damaligen Gebilde mit jenen Havannas zu vergleichen, wie wir sie heute kennen, wäre wohl mehr als etwas weit hergeholt. Doch wie dem auch sei: Kuba ist unbestritten das Land, das für die Kultivierung des Tabaks und, damit eng verbunden, für die Kunst des Zigarrenmachens das meiste geleistet hat.

Nachdem Fidel Castro nach erfolgreicher Revolution mit Beginn des Jahres 1959 für die Geschicke des Landes verantwortlich zeichnete, dauerte es nur eine kurze Zeit, bis das wirtschaftliche Leben der Karibikinsel von staatlichen Stellen beaufsichtigt beziehungsweise gelenkt wurde. Für zahlreiche Unternehmer und Fabrikbesitzer waren die Einschnitte tiefgreifend. Von dieser Umwälzung blieb auch die Tabakindustrie nicht verschont. Eine der Folgen: Etliche Zigarrenmacher, Meister ihres Fachs, deren Familien sich teilweise seit drei, vier Generation der Herstellung erstklassiger Havannas verpflichtet fühlten, verließen Kuba, um sich in anderen karibischen beziehungsweise lateinamerikanischen Ländern sowie in den Vereinigten Staaten niederzulassen und dort das fortzuführen, worauf sie sich verstanden: die Herstellung von Zigarren.

Dieser Aderlass an hochangesehenen Fachkräften wirkte sich natürlich nicht gerade förderlich auf die kubanische Tabakindustrie aus. In jene Zeit der Irrungen und Wirrungen passt denn auch eine Entscheidung des *Máximo Líders,* als er, wie er glaubte, auf die glorreiche Idee kam, nur noch eine einzige Havanna-Marke herstellen zu lassen. Bei der Namensgebung für die neue Marke erinnerte man sich an einen Häuptling der *Tainos,* an Siboney, der sich gegen die Willkür der spanischen Eroberer aufgelehnt hatte und dies mit seinem Leben – er wurde auf dem Scheiterhaufen verbrannt – bezahlen musste. Im neuen Kuba des 20. Jahrhunderts genoss jener Siboney ein hohes Ansehen, was sich unter anderem darin äußerte, dass der ehemalige *Taino* von den Machthabern in den Stand eines Märtyrers erhoben und dementsprechend verehrt wurde.

Zwei Legenden während eines »Festival del Habano«, der jährlich stattfindenden Veranstaltung im Zeichen der Zigarre: Fidel Castro kündigt die Versteigerung des Hutes von Compay Segundo an. Der Sänger wurde durch den Wim-Wenders-Film »Buena Vista Social Club« weltweit berühmt.

Als »Siboney« getauft, sollte also die einzige Havanna-Marke fortan den Ruhm kubanischer Zigarrenmacherkunst in alle Welt tragen. Das ehrgeizige Vorhaben ging gründlich daneben – die Absatzzahlen der exportierten Havannas, vertreten allein durch die »Siboney«, gingen rapide zurück. Die Einsicht, hier etwas falsch gemacht zu haben, kam relativ rasch, sogar erstaunlich rasch, denn nach kommunistischem Verständnis kann eigentlich nicht sein, was nicht sein darf. Darüber hinaus handelten die Kubaner schnell: Sie holten sich mit Zino Davidoff einen der Großen der Zigarrenwelt ins Land, der aus der verfahrenen Situation Schlüsse ziehen und Ratschläge erteilen sollte, wie sich die Zigarrenindustrie aus dieser verqueren Lage befreien und in ein besseres Fahrwasser geleitet werden könnte.

Davidoff brauchte nicht lange zu überlegen – er setzte auf die altehrwürdigen Marken, die nach der Kubanischen Revolution in der Versenkung verschwunden waren. Dabei dachte er vor allem an die Aura, die Marken wie »Bolívar« und »Hoyo de Monterrey« umgaben, dachte an den Mythos, mit dem Marken wie »Montecristo« und »Partagás« – um nur einige zu nennen – verbunden waren. Die Kubaner folgten dem Rat des gebürtigen Ukrainers – und sie hatten gut daran getan, wie an den sich wieder steigenden Exportzahlen für Havannas nachzuvollziehen war.

Tatsächlich sind es vor allem die Marken, die zum »Mythos Havanna« beigetragen haben, genauer gesagt die Begleitumstände, die Episoden und Geschichten, die mit den einzelnen *Marcas* verbunden sind. Nicht vergessen werden dürfen die Menschen hinter den Marken, von denen die einen lediglich bestrebt waren, gute Zigarren herzustellen (die sich dann, so ihre Meinung, von selbst verkaufen würden), während andere sich alles Mögliche ausdachten, um ihre Produkte effektvoll in Szene zu setzen. Mitunter floss da nicht nur Schweiß, sondern es gab durchaus auch blutige Händel. Absurd, bizarr, grotesk – der Attribute gibt es viele, mit denen gewisse Geschehnisse, die zur Legendenbildung einzelner Marken beigetragen haben (und somit zum »Mythos Havanna«), etikettiert werden können.

Lassen wir die *Marcas* zu Wort kommen – wobei auch, der Vollständigkeit halber, diejenigen Marken erwähnt werden, deren Sinn nicht darauf ausgerichtet war, nach einer spektakulären Rolle auf der großen Bühne zu trachten ...

Legendäre (und unspektakuläre) Marken

Während diese Zeilen geschrieben werden (Ende des Jahres 2007), herrscht ein kleines Vakuum innerhalb der Zigarrenherstellung auf Kuba. Dieses Vakuum bezieht sich auf verschiedene Marken, deren Produktion zu diesem Zeitpunkt ruht. Dabei handelt es sich um altehrwürdige *Marcas,* deren gesamte Formate maschinell gefertigt werden. Gut möglich, daß einige *Vitolas* nicht mehr auf den Markt gebracht werden, gut möglich aber auch, dass sie wieder Urständ feiern, und durchaus denkbar, dass andere Formate ehemalige ersetzen. Da hier ein gewisser Schwebezustand herrscht und ein Aufleben einiger oder gar aller Marken im Bereich des Möglichen liegt, da zudem die betreffenden Marken in ihren Glanzzeiten zum »Mythos Havanna« beigetragen haben, haben sich Autor und Verlag entschlossen, diese *Marcas del Habano* zu erwähnen und kurz vorzustellen.

Anmerkung

Sämtliche in diesem Kapitel dargestellten Zigarren entsprechen exakt 60 Prozent ihrer Originalgröße.

Zur besseren Veranschaulichung sind lediglich die Zigarren im Kapitel »Formate« ab Seite 135 in 100 Prozent ihrer Originalgröße abgebildet – und sprengen damit fast schon im wahrsten Sinne des Wortes die Ausmaße dieses Buches.

Belinda

Gegen Ende des 19. Jahrhunderts in Kuba erstmals gefertigt und somit zu den alten Havanna-Marken zählend, hatten die »Belindas« ihre Glanzzeit in der Zeit zwischen den beiden Weltkriegen. Für Groucho Marx zum Beispiel, Hollywoods anarchischen Slapstick-Schauspieler und -regisseur, waren die »Belindas« erste Wahl. Das besondere Verhältnis zu seinen »Belindas« spiegelt folgendes Zitat wider: »Eine Sache, die ich bei Frauen noch nie verstanden habe, ist die, dass sie keinen Augenblick zögern, sich mit dem Duft von einem Pint Parfüm zu umgeben, ein Pfund Talkumpuder sowie übel riechendes Lippenrouge aufzutragen, einen seltsamen Geruch verbreitendes Haaröl und ein halbes Dutzend verschiedener Körperöle zu verwenden, um sich dann über den Duft einer guten Zigarre zu beklagen.«

Leider sind die Zigarren dieser Marke heute nur noch schwer zu finden, da ihre Produktion in den letzten Jahren merklich zurückgefahren und mittlerweile sogar eingestellt worden ist. Ob und wann es wieder »Belindas« geben wird, bleibt abzuwarten.

Groucho Marx als Rufus T. Firefly in
»Duck Soap« aus dem Jahr 1933

Bolívar

Was für ein Name für eine Zigarre! Der Name eines der bedeutendsten Gestalten in der Geschichte Lateinamerikas. Die Zigarren der Marke »Bolívar« zählen zu den besten (und stärksten) Havannas, und der Name, den sie mit Stolz tragen, erinnert an den Anführer der lateinamerikanischen Unabhängigkeitsbewegung, an Simón Bolívar (1783–1830).

Der Nachfahre einer baskischen Hidalgo-Familie, die im 16. Jahrhundert nach Südamerika ausgewandert war, gehörte einer Junta an, die sich 1810 gegen die spanische Herrschaft erhob. 1813 zum *Libertador,* zum »Befreier«, proklamiert, wurde Simón Bolívar 1819 zum Präsidenten Venezuelas gewählt, nachdem die Spanier besiegt worden waren und somit die Herrschaft über diesen Staat verloren hatten.

Zwar konnten unter Bolívars Führung in der Folge große Teile im Nordwesten des südamerikanischen Kontinents befreit werden, doch des *Libertadors* großes Ziel, all diese Teile zu einer Union zu vereinen, war dem Kämpfer für die Freiheit Lateinamerikas letztendlich nicht vergönnt.

Ob die »Bolívar« dem großen Sohn Lateinamerikas, an den noch heute zahlreiche Denkmäler erinnern, gerecht wird, ist in diesem Zusammenhang nicht von Relevanz, doch ihr voller Körper, der ein ausgesprochen starkes Aroma entwickelt, ist durchaus etwas für »Kämpfer«, will heißen für erfahrene Zigarrenraucher, welche die Durchschlagskraft einer starken Havanna lieben. Diese Stärke ist vor allem bei den großen Formaten sehr ausgeprägt. Somit gehören die kraftvollen, intensiv, ja erdig schmeckenden »Bolívars« zu den letzten Vertretern der Havannas »klassischen« Stils. Die handgemachten

Zigarren mit ihren dunklen Deckblättern, deren Bauchbinden und *Vistas* nach wie vor das Porträt Bolívars tragen, verdanken ihr starkes Aroma vor allem der Einlage-Mischung, die mehr *Seco*- als *Volado*-Blätter enthält.

Im Jahre 1901 von der in Havanna ansässigen Firma »José F. Rocha« eingeführt, erwarb sich die Marke »Bolívar« in den 1950er Jahren ihren heute noch hervorragenden Ruf, als die Brüder Rafael und Ramón Cifuentes die Produktion übernahmen.

Seite gegenüber von links nach rechts:
»Tubos No. 1«, »Tubos No. 2«, »Tubos No. 3«
Diese Seite von links nach rechts:
»Belicosos Finos«, »Belvederes«, »Chicos«,
»Coronas«, »Coronas Extra«, »Coronas Gigantes«,
»Inmensas«, »Royal Coronas«

Cohiba

Das ist sie, die Havanna schlechthin, demnach auch die Marke, die von vielen Experten als die beste aus der Zigarrenproduktion des karibischen Inselstaats eingestuft wird.

Ob die »Cohiba« nun wirklich die beste von allen ist, hängt vom Geschmack – und von den Vorlieben – eines jeden einzelnen Connaisseurs ab, doch unzweifelhaft umgibt diese Zigarrenmarke eine Aura, die wohl nur noch einzelnen Formaten anderer Havanna-Marken beschieden ist.

Obwohl erst vor etwas über 40 Jahren kreiert, hat die »Cohiba« mittlerweile einen wahren Kultstatus erlangt. Davon zeugen die zahlreichen Geschichten von ihrer Entstehung, die in Zigarrenliebhaberkreisen immer wieder gerne kolportiert werden – so soll beispielsweise auch Che Guevara an ihrer Entstehung beteiligt gewesen sein.

Che Guevara, Weggefährte Castros zu Zeiten des revolutionären Kampfes und strategischer Kopf der Guerilla-Bewegung, soll vom *Máximo Lider* den Auftrag erhalten haben, das »Unternehmen Cohiba« anzugehen und zu einem guten Ende zu führen. Der argentinische Arzt, wie Castro *Aficionado* aus Leidenschaft, seit 1961 Minister für Industrie, nachdem er die ersten Jahre nach der Machtübergreifung der Nationalbank Kubas vorstand, ging die Aufgabe mit der ihm eigenen Entschlossenheit an. Die *Vegueros* mussten die besten Tabake aus der Vuelta Abajo liefern, und nur hochqualifizierte *Tabacaleros* wurden für die einzelnen Stufen der weiteren Produktionsgänge ausgesucht. Als dann die ersten »Cohibas« in Gestalt der drei Formate »El Laguito No. 1«, »El Laguito No. 2« und »El Laguito No. 3« ihre Fertigungsstätte verließen, war das Resultat überwältigend – die Mannschaft um Che Guevara hatte ganze Arbeit geleistet. Comandante Castro war jedenfalls mehr als zufrieden: Er erklärte die »El Laguito No. 1«, die spätere »Lanceros«, gleich zu seiner Lieblingszigarre und verfügte des weiteren, dass die beiden anderen Formate fortan ausschließlich als Geschenke für Staatsgäste Verwendung finden sollten – und natürlich jene der Vitola »No. 1«, die von dem reichbemessenen Kontingent des Vielrauchers übrig bleiben würden.

*Von links nach rechts:
»Lanceros«, »Esplendidos«,
»Coronas Especiales«,
»Exquisitos«, »Robustos«,
»Panatelas«*

Die Fertigstellung der ersten »Cohibas« ging im Jahre 1966 vor sich. Zu dieser Zeit weilte Che Guevara schon seit über einem Jahr im Kongo, um hier mit einigen Dutzend kubanischen Mitstreitern und zusammen mit der dortigen Unabhängigkeitsbewegung den Kampf gegen den Imperialismus auf afrikanischem Boden fortzuführen. Der Vorhaben scheiterte, worauf sich der Revolutionär nach kurzem Zwischenaufenthalt auf Kuba nach Bolivien aufmachte, um in dem Andenland – dessen Name geht übrigens auf Simón Bolívar zurück – eine Guerilla aufzubauen. Doch auch dieser Versuch, seine Idee von der Revolution über die Grenzen Kubas hinauszutragen, scheiterte – Ernesto Guevara de la Serna, eines der großen Idole der nachfolgenden Studentenbewegung, wurde gefangengenommen und Anfang Oktober 1967 von bolivianischen Militärs ermordet.

Che Guevara als »Patron der Cohiba« – ist diese Überlieferung, wie das im Zusammenhang mit großen Havanna-Marken häufig der Fall ist, im Bereich der Legenden anzusiedeln? Liegt der Schilderung mehr Dichtung als Wahrheit zugrunde? Ist vielleicht andererseits an ihr viel Wahres dran? Wie das so oft bei solchen Erzählungen ist, so wird es sich auch hier verhalten: Im Laufe der Zeit gesellen sich von Überlieferung zu Überlieferung subjektiv geprägte Vorstellungen, aber auch Wünsche der Erzählenden um einen wahren Kern, besonders dann, wenn sich einer der Hauptakteure allgemein überaus großer Beliebtheit erfreut. Da Che Guevara noch heute auf Kuba als Ikone verehrt wird, weil er den »neuen Menschen«, von dem er sprach, auch selbst lebte ... weil das so ist, werden diejenigen, die eine Überlieferung weitererzählen, in der er die Hauptrolle spielt, es mit der objektiven Wahrheit nicht ganz so genau nehmen. Sie werden vielmehr jene Geschichte mit »subjektiven Wahrheiten« anreichen, dabei »fiktive Begebenheiten« hinzufügen, die sich durchaus so hätten zutragen können, eben weil sie dem Bild und der Handlungsweise des Hauptakteurs entsprechen. Che Guevara wird bestimmt bei der »Operation Cohiba« involviert gewesen sein und sich hier auch eingebracht haben, denn er machte stets die »Sache der kleinen Leute« auch zu seiner Sache, doch auf welche Weise und in welchem Maße er sich wie stark an dem Unternehmen beteiligt hat, das wird wohl ein Geheimnis bleiben ...

Von links nach rechts: »Siglo I«, »Siglo II«, »Siglo IV«, »Siglo VI«, »Siglo III«, »Siglo V«

Der Auftraggeber, also Fidel Castro, wusste dagegen etwas ganz anderes zu berichten, als er anlässlich der Galaveranstaltung zum 30-jährigen Geburtstag der kubanischen Vorzeigezigarre Auskunft darüber gab, wie sie entstanden ist. Jedenfalls bemühte sich der *Máximo Líder,* Licht in die ganze Sache zu bringen, als er meinte, über die Entstehungsgeschichte der »Cohiba« Folgendes erklären zu müssen: »Ich werde jetzt etwas über die ›Cohiba‹ erzählen. Irgendwann bemerkte ich, dass einer meiner Leibwächter stets eine sehr nette, aromatische Zigarre rauchte. Er erzählte mir, es sei keine spezielle Marke – er habe sie von einem Freund, der Zigarren mache und ihm immer welche gebe. Ich probierte die Zigarre und fand sie so gut, dass ich sagte: ›Lass uns zu deinem Freund gehen.‹ Wir trafen und fragten ihn, wie er diese Zigarre herstelle. Dann errichteten wir eine Werkstatt in ›El Laguito‹, und er erläuterte uns seine Tabakmischung. So erzählte er uns, welche Blätter von welchen Plantagen er verwendete, welche Deckblätter und so weiter. Wir fanden ein paar Zigarrenmacher, gaben ihnen das nötige Material, und so wurde die Fabrikation aufgenommen. [...] Ich wollte auch Arbeitsplätze für Frauen schaffen, und so wird heute die Fabrik vor allem von ihnen betrieben. Mittlerweile ist die ›Cohiba‹ in aller Welt bekannt. [...] Das liegt 30 Jahre zurück.«

War dieser Freund des Leibwächters der bis dahin wenig bekannte Zigarrenmacher Eduardo Ribera, der nach seiner »Entdeckung« zunächst die drei genannten »Laguito«-Formate herstellte? Davon überzeugt ist jedenfalls Emilia Tamayo, die von 1994 bis 2003 »El Laguito« leitete, jene *Fábrica del tabaco* in Miramar, einem Vorort Havannas, in dem so manches Gebäude zu finden ist, das, im Kolonialstil errichtet, an vergangene Zeiten erinnert, als sich Abenteurer und Apanageempfänger, Finanzjongleure und Fürsten Abend für Abend trafen, um im Dunst wohlriechender Rauchschwaden ihrem bevorzugten Zeitvertreib zu frönen: dem Spiel und den Frauen.

Die festgehaltenen Ausführungen des *Comandante* enthalten bestimmt viel Wahres, doch da jeder Mensch nur subjektive Wahrheiten in sich trägt, werden wohl auch in diesem Fall einige offene Fragen im Raum bleiben. Avelino Lara, schon zu Lebzeiten als Zigarrenmacher eine Legende und als »Vater« der Serie »Siglo« sowie weiterer Formate der

»Cohiba« in Zigarrenliebhaberkreisen weltweit verehrt, meinte denn auch bei derselben Veranstaltung bescheiden: »Ich war dabei und habe mitgewirkt, als die ›Cohiba‹ geschaffen wurde. Das ist mehr als genug.«

Zu dieser Galaveranstaltung – sie fand am 28. Februar 1997 in Havanna statt, genauer gesagt im weltberühmten »Cabaret Tropicana« – waren 600 Persönlichkeiten der Tabakwelt gekommen. Geladen waren noch weit mehr, doch die erwarteten Gäste aus den Vereinigten Staaten, an ihrer Spitze Arnold Schwarzenegger und Robert De Niro, zogen es vor, die schon gebuchten Flüge gen Havanna zu stornieren, da die Regierung in Washington eingedenk des Kuba-Embargos jedem US-Bürger, der es wagen sollte, der Einladung Folge zu leisten und kommunistischen Inselboden zu betreten, mit Sanktionen gedroht hatte. Bedauernswerter Chauvinismus ...

Den notgedrungen Daheimgebliebenen entging einiges, so etwa die Versteigerung einer Luxuskassette, signiert unter anderem vom Staatspräsidenten höchstpersönlich. Für 130.000 US-Dollar wechselte die Kassette nebst Inhalt und Namenszügen den Besitzer. Wie hoch dabei der Wertanteil des Inhalts – immerhin 90 »Cohibas« – anzusetzen war, ist nicht bekannt.

Zurück zur Marke selbst. Mehr als 20 Jahre gab es nur jene drei oben genannten Formate, zu deren *Vitolas de galera* sich bald *Vitolas de salida* gesellten: »Corona Especiales« (No. 2), »Lanceros« (No. 1) und »Panetelas« (No. 3). Zwar bedeutet der Ausdruck *Vitola de salida* nichts anderes als »Handelsname«, doch es dauerte nahezu 15 Jahre, ehe die »Cohibas« auch von Normalsterblichen gekauft werden konnten – und natürlich geraucht werden durften. Zuvor war es nur Staatsgästen vorbehalten, jene exquisiten Exemplare kubanischer Zigarrenkunst zu verkosten – und natürlich Castro selbst.

Zu Beginn der 1980er Jahre, genauer gesagt anlässlich der »Copa Mundial de Fútbol 1982« in Spanien, wurde dann der Traum vieler *Aficionados* endlich Wirklichkeit: Sie konnten die »Cohiba« kaufen und rauchen, und das jederzeit, denn mit der Markteinführung der kubanischen Parademarke waren die Verantwortlichen darauf bedacht, deren Produktionsziffer auf einem gleich hohen Level zu halten. Dann, gegen Ende besagten Jahrzehnts, schlugen die Herzen der *Aficionados* erneut höher, denn es waren noch mehr »Cohibas« zu kaufen. Zum einen wurden die Formate »Espléndidos«, »Exquisitos« und »Robustos« auf den Markt gebracht, zum anderen hatte Fidel Castro auf Anraten seiner Ärzte mit dem Rauchen aufgehört. Später kam dann noch die »Coronas« hinzu, womit vorläufig die Palette der Serie »Clásica«, welche die Standard-Formate umfasst, abgeschlossen wurde.

Im Herzen der Vuelta Abajo: Pinar del Río

Warum die »Cohiba« – der Name ist übrigens der Sprache der *Taínos* entlehnt und bedeutet, so die Erkenntnis renommierter Sprachforscher, schlicht und einfach »Zigarre« ... – warum also die »Cohiba« von so vielen Experten so hochgelobt wird, mag an der besonderen Auswahl der Tabakblätter und deren Weiterverarbeitung liegen. Avelino Lara, der der Fábrica »El Laguito« von 1968 bis 1994 vorstand, verriet einmal die wichtigsten Vorgaben, die beim Entstehen einer »Cohiba« von allen Beteiligten strikt eingehalten werden ...

Zunächst einmal kommen nur die zehn besten Plantagen *(Vegas)* in der Vuelta Abajo für die Blätter der »Cohibas« in Betracht. Zu gegebener Zeit werden die Pflanzen jener *Vegas* genauestens begutachtet, um zu bestimmen, welche Anbauflächen für welche Blattsorten die geeignetsten sind. Am Ende ernten die *Vegueros* auf den ersten zwei Plantagen ausschließlich Deckblätter, auf den nächsten zwei ausschließlich Umblätter und auf den jeweils folgenden zwei ausschließlich *Ligero-*, *Seco-* bzw. *Volado-*Blätter. Außerdem werden die *Ligero-* und *Seco-*Blätter einer zusätzlichen dritten Fermentation unterzogen, was die Ausgewogenheit des Tabaks noch mehr fördert als die üblichen zwei Umwandlungsphasen. Schließlich ist es nur den besten *Torcedores* bzw. *Torcedoras* Kubas vorbehalten, die »Cohibas« in ihre endgültige Form zu bringen. Bei »El Laguito« sind das überwiegend Frauen, während in den Fabriken »H. Upmann« und »Partagás«, in denen ebenfalls »Cohibas« gefertigt werden, diese Auszeichnung hauptsächlich Männern zuteil wird.

Im Jahre 1992 erfuhr die kubanische Vorzeigemarke eine erneute Erweiterung, diesmal jedoch in Form einer Serie, die fünf Formate umfasst. »Línea 1492« heißt diese Serie, »Siglo« ein jedes Format, wobei beide Wörter auf die Entdeckung des amerikanischen Kontinents durch Kolumbus – und damit auch auf die der Zigarre – verweisen, bedeutet »Siglo« doch nichts anderes als »Jahrhundert«, während jedes der fünf Formate für jeweils ein Jahrhundert steht und somit den Kreis zum Jahr 1492 schließt. Ihre internationale Taufe erhielten die »Cohibas« der »Línea 1492« ein Jahr darauf, als sie während einer Galaveranstaltung im Londoner »Claridge's Hotel« offiziell vorgestellt wurden.

Erinnern die Zigarren der Serie »Clásica« mit ihrer Würzigkeit und ihrem recht ausgeprägten Aroma an den traditionellen kubanischen Stil, also an klassische Havannas, ergibt die Mischung der jüngeren Serie Zigarren, deren Körper zwar nicht ganz so stark, aber insgesamt voluminöser sind und dabei noch mehr Aromen freigeben als die ihrer älteren Schwestern, wobei nicht wenige Experten die neueste Kreation, die »Siglo VI«, als das absolute »Flaggschiff« der Marke »Cohiba« ansehen.

Bei den »Clásicas« streiten dagegen zwei Formate um diesen Rang: die »Espléndidos« und die »Robustos«, wobei die erstgenannte *Vitola* zugleich einen traurigen Rekord hält, ist die »Espléndidos« doch weltweit das Format, das am meisten gefälscht wird, ja, es sollen sogar mehr Fälschungen als Originale hergestellt und angeboten werden.

Deshalb gilt es, Vorsicht beim Havanna-Kauf auf Kuba walten zu lassen und nur in den *Casas del Habano* bzw. in den staatlich autorisierten Geschäften Zigarren zu kaufen, also niemals bei einem »Händler« auf der Straße. Das gilt übrigens nicht nur für Kuba, sondern für den gesamten mittelamerikanischen Raum.

Seit Mitte 2007 gibt es noch eine weitere *Línea* der Havanna-Marke Nummer 1. Mit der »Cohiba Maduro 5« tragen die Kubaner dem immer stärker werdenden Wunsch zahlreicher Connaisseure nach Zigarren mit dunklem Deckblatt Rechnung. »Genios«, »Mágicos« und »Secretos« heißen die drei Formate, mit denen diese neue Serie gestartet ist, wobei vor allem die beiden erstgenannten mit ihrem großen Ringmaß von 52 ebenfalls die (Raucher-)Zeichen der Zeit berücksichtigen und somit den Wunsch vieler *Aficionados* nach großvolumigen Zigarren bedienen – denn: Je größer das Ringmaß ist, desto mehr gibt eine Zigarre von ihren Aromen frei. Bleibt noch die Erklärung der »5« im Seriennamen. Diese »5« bezieht sich auf die Lagerung und bedeutet: Alle Blätter, die für die Zigarren der »Cohiba Maduro 5« verwendet werden, sind zuvor mindestens fünf

Jahre gelagert worden. Eine solch lange Lagerung kann dem späteren Geschmack einer Zigarre nur gut tun.

Dass die »Cohiba« heute – neben der »Montecristo« – weltweit die wohl berühmteste Havanna-Marke ist, haben seinerzeit, zu Beginn der 1960er Jahre, viele Experten nicht für möglich gehalten. Überzeugt, etwas Besonderes zu schaffen, waren damals wohl nur die *Vegueros,* die bei der »Operation Cohiba« mitwirken durften. Vielleicht haben sie sich während dieser Zeit des öfteren an eines der Worte ihres *Comandante* Che Guevara erinnert, das da heißt: »Seid realistisch, versucht das Unmögliche!«

Cuaba

Rund 30 Jahre nach Erscheinen der »Cohiba« kam mit der 1996 vorgestellten »Cuaba« erst die zweite Havanna-Marke heraus, die unter Castro kreiert wurde. Wohl um zu verdeutlichen, dass es sich auch bei den »Cuabas« um Zigarren handelt, die von der hohen Kunst kubanischer *Torcedores* Zeugnis geben, wurde wie bei der internationalen Einführung der »Cohiba«-Serie »Línea 1492« ebenfalls London als Ort gewählt, den passenden Rahmen zu geben, um während einer Galaveranstaltung internationalen Connaisseuren die »Cuabas« schmackhaft zu machen. Noch eine zweite Ähnlichkeit ist zu erwähnen: Die neue Marke trägt, ebenso wie die »Cohiba«, einen Namen, welcher der Sprache der *Tainos* entlehnt ist. »Cuaba« verweist auf einen Busch, der auf der Insel wächst und dessen Holz her-

Von links nach rechts:
»Exclusivos«, »Generosos«,
»Tradicionales«, »Divinos«

vorragend brennt. Er soll, so die Überlieferung, besagten *Tainos* zum Entfachen der »Cohibas«, also ihrer »Zigarren«, gedient haben.

Dass die Präsentation in der britischen Hauptstadt stattfand, geschah nicht ohne Grund. Simon Chase, Marketing-Direktor des Londoner Tabakhandelsunternehmens »Hunters & Frankau«, gleichzeitig offizieller britischer Habanos-Importeur, dessen Wort in der Welt der Zigarre, insbesondere in der der Havannas, etwas gilt, hatte sich einige Jahre zuvor an jene *Figurados* erinnert, die sich während der Zeit der vorletzten Jahrhundertwende über ein, zwei Dezennien unter den Zigarrenliebhabern großer Beliebtheit erfreuten. Gemeint sind die »Torpedos«, eine ganz besondere Form unter den *Figurados:* Anfangend beim spitzen Zigarrenkopf, verläuft die »Linienform« einer solchen Zigarre bis zum ersten Drittel stark konisch, um dann, die konische Form beibehaltend, nur unmerklich breiter zu werden, bevor sie sich im letzten Teil, zum Brandende hin, wieder verjüngt, wobei diese Form an eine kurze Pyramide erinnert.

Simon Chase unterbreitete den Verantwortlichen auf Kuba seine Idee, dieses *Figurado*-Format wieder aufleben zu lassen. Die nahmen diesen Vorschlag auf, hatten aber ein Problem: Im Mutterland der Zigarre gab es nur wenige Zigarrenroller, die sich auf die Herstellung eines solchen Formats verstanden. Jedenfalls war die Zahl der in Frage kommenden *Torcedores* zu gering, um damit eine zufriedenstellende Produktion aufzubauen und vor allem aufrechtzuerhalten und demnach für eine ausreichende Exportmenge zu sorgen. Es kam jedoch Hilfe, und zwar in Gestalt des Chefrollers der *Fábrica* »Romeo y Julieta«, der zunächst einmal fünfzehn erfahrene *Torcedores* in die Kunst einweihte, solche *Figurados* zu rollen.

Inzwischen gehören die relativ milden, dennoch durchaus aromareichen »Cuabas« zum persönlichen Portefeuille zahlreicher *Aficionados,* denn mit den Jahren konnten die Kubaner die Produktion dieser außergewöhnlichen Havannas kontinuierlich steigern.

Es gibt nicht wenige Connaisseure, die an der stark martialisch klingenden Bezeichnung »Torpedo« Anstoß nehmen und lieber den Ausdruck »Perfecto« für diese *Figurado*-Form verwenden. Welchen Begriff der einzelne hier gebraucht, sollte seiner ureigenen Entscheidung überlassen werden, zumal beide Namen durchaus ihre Berechtigung haben. So lässt es sich zum einen nicht leugnen, dass die Form einer »Torpedo« unzweifelhaft eine frappierende Ähnlichkeit mit einem Unterwassergeschoss hat, und so weist, zum anderen, eine »Perfecto« mit großer Deutlichkeit darauf hin, dass die Herstellung dieses Formats eine große »Perfektion« verlangt.

Welcher Begriff auch immer verwendet wird: Die »Cuabas« sind eine Reminiszenz an die Zeit um die vorletzte Jahrhundertwende, als solche *Vitolas* gerne nachgefragt wurden. Mit Beginn der 1930er Jahre verschwanden dann jene *Figurados* zunehmend aus den Regalen. Doch nahezu jede einstmals vorherrschende und mit der Zeit vergessene Mode kehrt irgendwann einmal zurück – eine, wenn man so will, Referenz an das Vergangene, Verklärte. So auch hier. Der Reminiszenz folgte die Renaissance, denn heutzutage fristen »Torpedos« kein bescheidenes Dasein mehr, sondern finden immer mehr Anhänger – und das zu Recht, denn es sind vor allem die dicksten Stellen eines solchen Formats, die dem Raucher eine Fülle von Aromen bescheren.

Diplomáticos

Hier präsentieren sich Havannas mit einem mittleren bis vollen Körper, der ausgeprägte Aromen entwickelt, und so sprechen sie gewiss all jene *Aficionados* an, die sich dem traditionellen kubanischen Stil verschrieben haben.

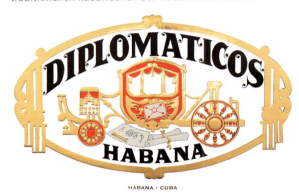

HABANA · CUBA

Zwei erfreuliche Dinge: Zum einen sind alle Formate der »Diplomáticos« ausnahmslos von Hand gefertigt, und zum anderen gehört diese Marke zu den preiswerteren Havannas.

El Rey del Mundo

Zigarrenmacher sind meist bescheidene Zeitgenossen. Sie wissen um ihre Kunst, und das genügt ihnen.

Bekanntlich gibt es keine Regel ohne Ausnahme. Eine dieser Ausnahmen manifestiert sich in der Namensgebung für eine Havanna-Marke. Die Verantwortlichen der Firma »Antonio Allones« waren wohl von der Qualität der Zigarren, die sie 1882 erstmals auf den Markt brachten, absolut überzeugt, und so gaben sie ihrer *Marca* ohne jede Bescheidenheit den Namen »König der Welt«. Und in der Tat: Schon bald gehörten die »El Reys del Mundo« zu den begehrtesten Havannas des späten 19. Jahrhunderts. Rund 7000, manchmal gar 8000 »Weltkönige« verließen tagtäglich die Fabrik, die sich bald nach der Marke nannte, deren Zigarre sie überwiegend herstellte: »Fábrica de Tabacos Rey del Mundo Cigar«.

Manche Quellen geben das Geburtsjahr der »El Reys« mit 1848 an, doch ist das eher unwahrscheinlich, da gegen Ende der 1950er Jahre die *Fábrica* »Antonio Allones« noch nicht bestand. In gewisser Weise passt das Jahr 1882 auch besser, denn das war die Zeit des ersten großen Havanna-

Booms, der im letzten Viertel des 19. Jahrhunderts in voller Blüte stand und das geschäftliche Leben in der Hauptstadt Kubas nachhaltig mitprägte.

Sieht man einmal von der zwischenzeitlichen Einstellung der Produktion zu jener Zeit ab, als in den Irrungen und Wirrungen der Kubanischen Revolution die Zigarrenindustrie der Insel wenig Erbauendes zustande brachte, so gehörten die »Könige der Welt« auch im 20. Jahrhundert zu den Habanos, die auf einen akzeptablen Kundenkreis zählen konnten – jedenfalls bis weit in die 1970er Jahre hinein. In den Jahren danach konnten die »El Reys« dann nicht mehr das Produktionsniveau halten, auf dem sie zuvor angesiedelt waren. Das ist schade, denn mit ihren nahezu durchgängig sehr mild schmeckenden Formaten – die »Elegantes«, »Grandes de España« und »Panetelas Largas«, ausnahmslos schmallange *Vitolas*, vielleicht ausgenommen – sind diese Havannas wie geschaffen für

Anfänger, also für diejenigen, die gerade dabei sind, die Habanos zu entdecken.

Und heute? Wie ehedem gehören die »El Reys del Mundo« mit ihrem recht öligen Deckblatt zu den leichteren Vertretern ihrer Spezies, weshalb sie sich besonders für jene Raucher anbieten, welche die Welt der Havannas gerade betreten haben.

Von links nach rechts:
»Grandes de España«,
»Choix Suprême«, »Fetit Coronas«

Flor de Juan López

Im letzten Drittel des 19. Jahrhunderts gegründet, gehören die »Blumen des Juan López« zwar zu den älteren Havannas, wurden aber nie in einem Atemzug genannt mit Marken wie »H. Upmann«, »Partagás« oder »Punch«. Da die fehlende Popularität nicht an der Qualität gelegen haben kann, werden die Gründe wohl eher in der recht bescheidenen Öffentlichkeitsarbeit zu suchen sein. Anscheinend waren sich die Hersteller zu »fein«, um lautmalerisch für ihr Produkt zu werben – »Reklame zu machen«, wie das seinerzeit so schön hieß.

Auch heute noch überzeugen die Zigarren mit Namen »Juan López« durch eine Tabakmischung, die eine ansprechende Aromabreite garantiert. Da sie recht mild sind, eignen sich die (wenigen) Formate hervorragend für Anfänger – denen zudem der Kauf einer »Flor de Juan López« aufgrund des relativ günstigen Preises recht leicht gemacht wird.

Flor de Rafael González

Auf jeder Kiste »Flor de Rafael Gonzáles«, die heute Kuba verlässt, ist in englischer Sprache ein Hinweis angebracht. Er lautet: »These cigars have been manufactured from a secret blend of pure Vuelta Abajo tobaccos selected by the Marquez Rafael Gonzáles, Grandee of Spain. For more than 20 years this brand has existed. In order that the connoisseur may fully appreciate the perfect fragrance they should be smoked either within one months of the date of shipment from Havana or should be carefully matured for about one year.« Zu deutsch: »Diese Zigarren, eine Geheimmischung, wurden hergestellt aus reinen Tabaken der Vuelta Abajo, ausgewählt von Marquez Rafael Gonzáles, Grande von Spanien. Seit mehr als 20 Jahren besteht diese Marke. Um den vollen Genuss ihres perfekten Aromas würdigen zu können, sollte der Connaisseur sie entweder innerhalb eines Monats nach dem Tag der Verschiffung aus Havanna rauchen oder sie ungefähr ein Jahr lang sorgfältig lagern.«

Dieser Hinweis soll erstmals auf Anweisung eines britischen Importeurs in den 1930er Jahren auf einer Kiste »Rafael González« angebracht worden sein. Verpackt wurden die »Blumen des Rafael Gonzáles« schon früher. Das war 1928 – andere Quellen sprechen von 1920 – der Fall. Doch warum die Betonung auf Geheimrezept? Spionage? Wohl kaum. Eher schon, zudem noch im Zusammenhang mit der Erwähnung des spanischen Adligen, eine öffentlichkeitswirksame Maßnahme, denn schließlich wurde und wird die Tabakmischung einer jeden Marke, ja eines jeden Formats streng geheim gehalten.

Es wird sich wohl alles ganz legal abgespielt haben, als die beiden Engländern George Samuel und Frank Warwick die »Blumen des Rafael Gonzáles« zum ersten Mal in voller Blüte der Öffentlichkeit gezeigt haben. Die Öffentlichkeit – das war vornehmlich die des Vereinigten Königreichs, denn dorthin vor allem wurden diese Havannas geliefert.

Von links nach rechts:
»Cigarritos«, »Panetelas«, »Panetelas Extra«,
»Petit Coronas«, »Coronas Extra«, »Lonsdales«

Mit Beginn der 1930er Jahre ging ein beachtlicher Teil der Lieferung jener »Blumen«, die in den Hallen der »Rey del Mundo Cigar Company« das Licht der Welt erblickten, an einen speziellen Adressaten. Sein Name: Earl of Lonsdale. Die zahlreichen Havanna-Gebinde, mit denen der Adlige im fernen Europa bedacht wurde, stellten an die *Obreros,* die Arbeiter, die für den Versand in der *Fábrica* zuständig waren, nur geringe Anforderungen, handelte es sich bei den Zigarren, welche die kubanische Hauptstadt in Richtung Großbritannien verließen, doch stets um ein und dasselbe Format.

Dagegen brauchten die *Torcedores* zu Beginn eine gewisse Einarbeitungszeit, um dieses Format zu rollen, denn bis dato gab es ein solches noch nicht. Aber da der Earl of Lonsdale seinerzeit der größte Kunde der *Fábrica* in der Padre Varela No. 852 von Habana war, folgte man seinen präzisen

Vorstellungen, was die Länge und das Ringmaß der Vitola betraf: Exakt 6½ Inches hatte es lang zu sein, dazu einen *Cepo,* ein Ringmaß, von 42 zu haben – das Format »Lonsdale« war geboren. Noch heute greifen zahlreiche Connaisseure auf dieses beliebte Format zurück, das einen rund einstündigen Rauchgenuss verspricht.

Versteht es sich nahezu von selbst, dass alle diese Zigarren eine Bauchbinde mit dem Porträt des britischen Adligen trugen, so war damals auch auf jeder Kiste »Flor de Rafael Gonzáles« ein Antlitz jenes hochwohlgeborenen Mitglieds des britischen Empire zu sehen. Nach dem Porträt sucht man heute vergebens, wohl aber fällt, wie zu Beginn erwähnt, der Hinweis ins Auge, denn der hat wie ehedem seine Berechtigung. Wer nicht unbedingt auf »frische« Habanos »steht«, der sollte ihnen noch einige Zeit des Reifens gewähren, da nach dem Verpacken die Zigarren in den Kisten noch einen leichten Fermentationsprozess durchmachen, während dem sie, vornehmlich im Spätsommer, natürliche Öle absondern, was wiederum im Hinblick auf den Rauchgenuss nur förderlich sein kann.

Von welch genauer Art die Geschmacksnuancen jener Zigarren seinerzeit waren, die ob ihrer Qualität von vielen damaligen Havanna-Liebhabern geschätzt wurden, lässt sich nicht mehr sagen – wohl aber dies: Die »Flores de Rafael Gonzáles« zeugen auch heute noch von der hohen Fertigkeit kubanischer Zigarrenmacherkunst, sind sie doch in Geschmack und Aroma harmonisch aufeinander abgestimmt und sprechen auch diejenigen an, welche noch wenig Erfahrung mit Havannas haben. Außerdem gehören die »Rafael Gonzáles« zu denjenigen Havannas, die einem unteren Preissegment zuzuordnen sind.

Fonseca

Die nach ihrem Gründer benannte Havanna-Marke wurde 1891 ins Leben gerufen. Heute umfasst sie nur noch wenige Formate – doch die fallen direkt ins Auge. Der Grund: Jede einzelne »Fonseca« wird von Hand in ein dünnes Blatt weißen Seidenpapiers gewickelt, das von einer Bauchbinde gehalten wird – eine Reminiszenz an die Liebe zum Detail, wie sie vor allem zur Zeit der Belle Époque gepflegt wurde.

Es fällt noch etwas anderes auf: Auf allen Kisten ist neben der Festung »El Morro« – erbaut in den Jahren der Wende vom 16. zum 17. Jahrhundert als »Castillo de Los Tres Reyes del Morro« (»Drei Körige«) am Hafeneingang von Havanna – auch die New Yorker »Freiheitsstaue« abgebildet.

Von links nach rechts: »Cosacos«, »Delicias«, »KDT Cadetes«, »Fonseca No. 1«

Das erinnert an die Zeiten, als die Beziehungen zwischen Kuba und den Vereinigten Staaten noch nicht durch das unselige US-Embargo getrübt waren.

In dem Jahr, in dem Fransisco E. Fonseca in seiner neugegründeten Zigarrenfabrik die Produktion von Havannas aufnahm, war Kuba zwar noch Teil des spanischen Königreichs, doch der Export von Havannas in das Land des nördlich gelegenen großen Nachbars war seinerzeit gang und gäbe. Da es hunderte Havanna-Marken gab, somit die Konkurrenz beträchtlich war, galt es, sich von den anderen *Marcas* merklich zu unterscheiden, also auf irgendeine Weise die Blicke der Zigarrenliebhaber auf die eigene Marke zu lenken. Für Francisco E. Fonseca war es demnach selbstverständlich wie unerlässlich, dass die Verpackungen, die er für seine Havannas herstellen ließ, so luxuriös wie möglich sein mussten.

Damit nicht genug. Praktisch mit Beginn der Produktionsaufnahme seiner »Fonsecas« unternahm er zahlreiche Aktivitäten, um die Marke ins rechte Licht zu rücken. Schon bald galt der Unternehmer aufgrund der Präsentation seiner Produkte als *Enfant terrible* der kubanischen Zigarrenmacherzunft. Das Wort »Marketing« war damals zwar noch nicht bekannt, doch was er an Aktivitäten in dieser Hinsicht an den Tag legte, wurde dem Begriff im heutigen Sinne mehr als gerecht. So traf er im Rauchsalon seiner späteren Fabrik, gelegen in der Calle Galiano No. 62, regelmäßig mit Zigarrenliebhabern zusammen, um von deren Geschmacksvorstellungen zu erfahren sowie sich vorgetragene Ideen und Wünsche anzuhören und sie, wenn es denn machbar und sinnvoll war, auch umzusetzen. Kundenpflege nennt man so etwas heute. Eine dieser Umsetzungen: Irgendwann stellte der Tüftler in Sachen Produktpräsentation eine Metallhülse für die Einzelverpackung von Zigarren vor – Vorläufer der heutigen *Tubos*.

Natürlich mussten die Produkte auch das halten, was die aufwändigen Verpackungsarten versprachen. Das taten sie, denn mit seinem Produktionsleiter Mecallin konnte er einen Zigarrenmacher für sich gewinnen, der bis heute zu den besten seiner Zunft gezählt wird. Auch in unserer Zeit handelt es sich bei den »Fonsecas« um gut gemachte Zigarren – und um handgemachte Longfiller, die zu den milden Vertretern ihrer Spezies zu zählen sind.

Gispert

Ihren Ursprung hatte diese klassische Marke, geschaffen von ausgewanderten Iberern, in der Provinz Pinar del Río, und sie gehörte zu den kubanischen Zigarren des ausgehenden 19. und der ersten Hälfte des 20. Jahrhunderts, die halfen, die Havannas in aller Welt berühmt zu machen, wobei die »Gispert« gerade in den zurückliegenden 40er Jahren stark nachgefragt wurde.

Bis vor einiger Zeit gab es von dieser Marke nur noch ein einziges maschinell hergestelltes Format. Mittlerweile ist auch die Produktion dieser *Vitola* eingestellt worden, und es bleibt abzuwarten, in welcher Form die »Gispert« wieder zu Ehren kommt.

Guantanamera

Sie ist die jüngste kubanische Marke, die sich, 2002 auf dem internationalen Markt eingeführt, vor allem an diejenigen Zigarrenraucher wendet, welche die »Braunen« gerade für sich entdeckt haben, denn hier handelt es sich um preiswerte, zudem sehr milde Zigarren. Die »Guantanamera« ist zurzeit die einzige von den maschinell hergestellte Marken, die noch produziert wird. Das mag zum einen daran liegen, dass die einzelnen Formate sehr leicht, zum andern daran, dass sie äußerst preisgünstig sind.

Da die »Guantanamera« noch sehr jung ist, konnte sie bisher wenig zum »Mythos Havanna« beitragen. Ihr Name dagegen hat sehr viel mit der kubanischen Identität zu tun.

Bevor das Lied *Guantanamera* durch Pete Seeger 1963 weltbekannt wurde, hatte es bis dato Kuba praktisch nicht verlassen. Über den Komponisten, Joseíto Fernández, ist so gut wie nichts bekannt, wohl aber über den Verfasser des Textes, über José Martí, den Kämpfer für ein freies Kuba, der 1895 während des Unabhängigkeitskriegs gegen Spanien zu Tode kam – und der heute als kubanischer Nationalheld verehrt wird. »Guantanamera« ist somit auch und

vor allem eine Referenz an das wohl bekannteste Lied Lateinamerikas, und die stilisierte Gitarre, die sich auf jeder Schachtel und auf jeder Kiste wiederfindet, erinnert ebenso wie der Markenname an dieses Lied und ihren Urheber.

Von links nach rechts: »Cristales«, »Décimos«, »Compay«, »Puritos«

H. de Cabañas y Carbajal

Vielleicht lässt der Name dieser bis vor kurzem ältesten noch existierenden Havanna-Marke in absehbarer Zeit nostalgische Erinnerungen wach werden, denn die stark schmeckenden »Cabañas« wurden schon vor ihrer Einstellung nur noch in sehr geringer Stückzahl hergestellt, sind also allenfalls noch bei dem einen oder anderen Händler beziehungsweise Liebhaber zu finden.

Noch ein Satz zum Logo: Der obere Buchstabe »H« steht für »Hijos« (»Söhne«), während die Präpositionen »de« und »y« auf die aristokratische Herkunft des Namensgebers verweisen.

Hoyo de Monterrey

»Hoyo« heißt im Deutschen »Grube«, und »Monterrey« ist der Hinweis auf einen Ort. Demnach lautete die korrekte Wiedergabe dieser Zigarrenmarke, die zu den ganz großen Havannas gehört, »Grube von Monterrey«. Hinter diesem Namen verbirgt sich aber auch eine der bekanntesten *Vegas finca* auf Kuba – eine Plantage, auf der in der Sonne gezogene Tabaksorten produziert werden, die für absolut erstklassige Deck- und Umblätter Verwendung finden.

Begonnen hat das alles um die Mitte des 19. Jahrhunderts, wie folgender Hinweis verrät: »Hoyo de Monterrey: José Gener. 1860«. Dieser Hinweis ist in Form einer Inschrift an einem schmiedeeisernen Tor angebracht, zu dem man gelangt, wenn man über einen Platz schreitet, der zu dem Dorf gehört, das, so der vollständige Name, San Juan y Martínez Monterrey heißt und in der Vuelta Abajo liegt.

Interessant an dem Namen ist weniger der Hinweis auf den Ort, denn bei einer solch exponierten Havanna-Marke ist das Anbaugebiet Vuelta Abajo in der Provinz Pinar del Rio praktisch eine Regel, die keine Ausnahme zulässt. Interessant ist vielmehr besagte Grube beziehungsweise Gruben, da Felder, auf denen sich Bodensenken befinden, dem Tabakpflanzer entgegenkommen: Überschüssiges Wasser kann so auf natürliche Weise problemlos ablaufen – und Wasser gibt es hier reichlich, besonders im kubanischen Sommer, der oft üppige Niederschläge mit sich bringt.

Hier, in einem Provinznest, gelegen im Westen der größten Karibik-Insel, begann also die Karriere des José Gener (dessen Name übrigens noch heute auf jeder Kiste »Hoyo de Monterrey« zu finden ist). Jene Karriere ging jedoch über die Grenzen seiner Felder hinaus, denn die Aktivitäten des José Gener erschöpften sich nicht in denen eines Tabakpflanzers, sondern erstreckten sich auch auf das Kaufmännische, fand er doch in diesem Bereich ein Betätigungsfeld vor, das lohnenswert schien, sich dort zu engagieren.

Einmal ein Ziel vor Augen, setzte Señor Gener alles daran, dieses Ziel zu erreichen. Dabei bediente er sich Mittel, die nicht gerade als seriös zu bezeichnen sind. Der gebürtige Katalane ging, wenn es sein musste, über Leichen, auch und gerade über die seiner Familie, mit der er nach Kuba ausgewandert war ...

Im Jahre 1851 ließ sich José Gener zunächst einmal eine nicht unbeträchtliche Geldsumme von seinem Onkel aushändigen – angeblich, um seine erste eigene Fabrik zu gründen. Kurz darauf kaufte er jedoch mit nicht ganz sauberen Methoden Plantagen in der Vuelta Abajo auf – ungeklärte »Geldabzweigungen« sollen hierfür die materielle Grundlage geschaffen haben. Unter den Plantagen waren so bedeutende wie die *Vega* »La Majagua« und die besagte *Vega* »Hoyo de Monterrey«.

José Gener, nicht gerade belesen, sondern nahezu Analphabet, war mit einem untrüglichen Gespür gesegnet, wenn es darum ging, gute Geschäfte zu machen. Hier konnte er sich auf seine Bauernschläue verlassen, zu der sich eine gehörige Portion Skrupellosigkeit gesellte. Recht schnell hatte er beispielsweise begriffen, dass es lohnender war, Zigarren herzustellen, als Rohtabak zu verkaufen. Damit er sein Ziel relativ mühelos erreichen konnte, war es »lediglich« notwendig, das gesamte Familiengeschäft in seine Hand zu bringen. Der erste (und wichtigste) Schritt hierzu bestand darin, seinen Onkel aus dem Geschäft zu drängen: Im Jahre 1867 setzte er ihn einfach vor die Tür. Drei Jahre darauf fälschte er dann Dokumente, wodurch er sämtliche seiner Verwandten zu einfachen Angestellten degradierte.

Mit dem Geld seiner Ehefrau – sie stammte, so heißt es, aus wohlhabendem Hause – gründete er die Marke »La Escepción«, geschrieben mit einem »s« statt mit einem »x« (was bei einem Beinahe-Analphabeten schon einmal vorkommen kann). Als ein Angestellter ihn unter Aufbietung sämtlicher Entschuldigungen auf diese Schreibweise und einen möglichen Fehler hinwies, war seine Reaktion, um es einmal zurückhaltend auszudrücken, recht heftig. »Ich nenne meine Zigarren so, wie es mir gefällt!«, brüllte er schnaubend vor Wut. Dann schlug er dem Angestellten, der von Kopf bis Fuß zitterte, die Tür ungemein heftig vor der Nase zu, worauf dem Schild, das über der Tür hing und die spanische Krone zeigte, gar nichts anderes übrig blieb, als dem Gesetz von der Erdanziehungskraft zu folgen und zu Boden zu fallen.

Auch mit seinen Angestellten ging er wenig freundlich um. Ihnen gegenüber legte er eine bodenlose Grobheit an den Tag. Insbesondere die Lehrlinge zitterten vor ihm – zu Recht: Diejenigen, die ihre Arbeit nicht zu seiner vollkommenen Zufriedenheit verrichteten, wurden bis zum folgenden Tag in einen hierfür vorgesehenen Fabrikraum gesperrt. Als einmal gegen Morgen in diesem Raum ein Feuer ausbrach, kamen dabei zwei Jugendliche um, auch deshalb,

weil es ihnen unmöglich gewesen war, sich zu befreien. José Gener ließ die Lehrlinge nämlich nicht nur einsperren, sondern auch noch fesseln.

Trotz seiner rüden Verhaltensweisen hatte José Gener Erfolg. Nach dreißig Jahren des Hasses auf jeden und alles wuchs sein Stolz in dem Maße, in dem seine Marken ›Gener‹, ›Hoyo de Monterrey‹ und ›La Escepción‹ durch ihre überragende Qualität weltweite Anerkennung erfuhren.

Allzu lange konnte sich der erfolgreiche Unternehmer aber nicht daran erfreuen. Mit Anbruch des Jahres 1900 wurde José Gener ganz plötzlich von einem heftigen Fieber und seltsamen Schmerzen befallen. Dem folgten verschiedene Leiden, und bald erwarteten viele mit Ungeduld (und Vorfreude) seinen Tod. Der trat denn auch bald ein.

Von links nach rechts:
»Le Hoyo de Dieux«, »Le Hoyo de Député«,
»Le Hoyo du Gourmet«, »Le Hoyo du Maire«,
»Le Hoyo du Prince«, »Le Hoyo du Roi«

Es folgte das Begräbnis – eine Veranstaltung, die zum Leben des Verblichenen passte. In einem Bericht aus damaliger Zeit heißt es: »Beim Begräbnis des Habanero José Gener y Batet, ein vermögender Mann des Tabakhandels, waren zahlreiche Trauergäste anwesend sowie eine Vielzahl seiner Angestellten. Im Folgenden kam es zu einem ungesitteten Akt, welcher die Disziplinlosigkeit zeigt, die von dieser Insel Besitz ergriffen hatte. Die Trauernden liefen in die neben dem Friedhof liegenden Wohnviertel, um dort Zuflucht zu suchen, während die gottlosen Kreolen einen Steinregen veranstalteten und Säcke voller Ratten, Katzen und Hunde bis hin zu Krebsen auf die Trauernden

Von links nach rechts:
»Churchills«, »Coronations«, »Double Coronas«,
»Epicure No. 1«, »Epicure No. 2«,
»Short Hoyo Coronas«

warfen, was von den verschiedenen Dachterrassen aus kinderleicht war.«

Die Sitten im Kuba der vorletzten Jahrhundertwende scheinen recht roh gewesen zu sein. Wie auch immer Gevatter Tod den José Gener heimgesucht hat: Weder Angehörige noch Mitarbeiter werden zahlreiche Tränen tiefer Trauer vergossen haben …

Umso mehr freuten sich die Hinterbliebenen, hinterließ doch das ungeliebte Familienmitglied ein gut florierendes Unternehmen. Es wurde an die Señores Ramón Fernández und Fernando Palicio verkauft, die ein Konsortium leiteten und den generschen Alleinbetrieb als »Stammsitz« nutzten, zu dem sich dann weitere Herstellungsstätten gesellten.

Heute werden die »Monterreys« überwiegend in der Manufaktur »La Corona« hergestellt. Unter den hier gefertigten Formaten ragen neben der »Double Corona« vor allem die »Epicure No. 1« und die »Epicure No. 2« heraus, letztere beides Bündelzigarren, die zu je 50 Exemplaren ohne Bauchbinden als »Cabinet Selection« angeboten werden.

Zurück zur Geschichte: Besagte »Cabinet Selection«-Zigarren waren es auch, die vor langer Zeit keinen Geringeren als Zino Davidoff zu den berühmten »Châteaux« inspirierten. Und die »Châteaux« wiederum dienten in den 1970er Jahren den Zigarrenmachern von »La Corona« sozusagen als »Vorbilder« für die Serie »Le Hoyo«, deren Zigarren eine ausgeprägte Würze sowie ein volleres Aroma aufweisen als die der Standardserie und eine sinnvolle Ergänzung zu dem schon bestehenden Sortiment darstellen.

Somit deckt »Hoyo de Monterrey« heute mit der Standard- sowie der »Le Hoyo«-Serie eine breite Format-Palette ab, in der sich verschiedenste Geschmacksvariationen und Aromastufen wiederfinden.

H. Upmann

Jedem, der es hören wollte, aber auch jedem, der es nicht hören wollte, erzählte Pierre Emil George Salinger die Geschichte, die sich Anfang des Jahres 1962 zugetragen hatte. In einer Februarnacht streifte der Pressesprecher des 35. US-Präsidenten durch Washington und kaufte alle »Petit Upmanns«, die er auftreiben konnte. Am Morgen danach betrat er das Oval Office des Weißen Hauses und überreichte seinem präsidialen Auftraggeber rund 1200 Exemplare dieses Formats. Der war zufrieden. Daraufhin unterzeichnete der leidenschaftliche Havanna-Raucher John F. Kennedy das US-Handelsembargo gegenüber Kuba.

Die Anekdote des Pierre Salinger, Sohn eines US-Amerikaners und einer Französin, ist eine der zahlreichen Geschichten rund um die Havanna, die mittlerweile zur Legende geworden sind. Zu Recht. Denn die Begebenheit, die der überzeugte Habanophile hundertfach zum Besten gegeben hat, kann nicht wahr sein ...

Erste Ungereimtheit. Nach Aussage des Pressesprechers fand der besagte Vorgang etwa fünf Monate nach der US-Invasion in der Schweinebucht auf Kuba statt. Jene Inva-

Pierre Salinger, ehemaliger Pressesprecher John F. Kennedys

sion bildete den Auftakt der »Operation Pluto«, deren Ziel der Sturz Fidel Castros war. Die Landung der rund 1500 Mann starken Invasionstruppe, allesamt von der CIA ausgebildete Exil-Kubaner, erfolgte am 17. April 1961 – und endete nur zwei Tage später. Zu dilettantisch war das Ganze geplant. Wann fand denn nun die »Zigarrenaktion« statt? Im September 1961 oder im Februar des darauffolgenden Jahres.

Zweite Ungereimtheit. Waren es wirklich »Petit Upmanns«, die der Sprecher des Weißen Hauses nächtens organisiert hatte? Schlecht möglich, denn zu jener Zeit war dieses Format in den Sortimenten der US-amerikanischen Havanna-Importeure nicht vorhanden, weshalb kein einziger Tabakladen in den Vereinigten Staaten eine »Petit Upmann« zum Kauf anbieten konnte.

Dritte Ungereimtheit. Selbst wenn es sich hier um ein anderes

Kleinformat von »Upmann« gehandelt hätte: In einer Stadt von der Größe Washingtons (rund 600.000 Einwohner) wird es sehr schwer, wenn nicht unmöglich gewesen sein, innerhalb weniger Stunden über fünfzig Kisten (à 25 Stück) ein und desselben Formats einer einzigen Marke aufzutreiben.

Vierte Ungereimtheit. Das US-Handelsembargo gab es in diesem Sinne nicht. Es war Dwight D. Eisenhower, Kennedys Vorgänger, der am 19. Oktober 1960 erstmals ein Handelsembargo gegenüber Kuba verhängte. Im Laufe der Zeit wurde dann eine Reihe von zusätzlichen Sanktionen und Verschärfungen in Kraft gesetzt, was letztendlich zu einem generellen Handelsembargo gegen die Karibik-Insel führte. Faktisch jedoch – deswegen wohl stets der Hinweis auf den Februar 1962 – waren die politischen und wirtschaftlichen Beziehungen zwischen Kuba und den Vereinigten Staaten zu Beginn des erwähnten Jahres vollständig zum Erliegen gekommen.

Fragen über Fragen also, doch wird sich die Geschichte im Großen und Ganzen so zugetragen haben, wenn sich auch die wesentlichen Details etwas anders dargestellt haben mögen: John Fitzgerald Kennedy, 35. Präsident der Vereinigten Staaten von Amerika, wird einige Monate nach der gescheiterten Invasion in der Schweinebucht seinen Pressesprecher Pierre Salinger beauftragt haben, über Nacht jede Menge Havannas aufzutreiben, und nachdem er von der erfolgreichen Aktion erfahren hatte, erweiterte er kraft seiner Unterschrift das bestehende Handelsembargo gegenüber Kuba, und zwar in der zufriedenen Gewissheit, über absehbare Zeit in Sachen Rauchkultur nicht darben zu müssen, wusste er doch jetzt um eine erkleckliche Zahl von kubanischen Zigarren, auf die er zurückgreifen konnte, darunter sicherlich etliche »H. Upmanns«, denn die gehörten zu seinen bevorzugten Havannas.

Wie sich das Ganze auch zugetragen haben mag: Die Geschichte des Pierre Salinger ist unzweifelhaft eine schöne Geschichte ...

Die gerade beschriebene Anekdote ist beileibe nicht die einzige, die im Zusammenhang mit der Marke »H. Upmann« steht. Etliche Höhen und Tiefen begleiten den Werdegang dieser beliebten Havanna-Marke, wobei so manches Kolportierte zutage tritt, das durchaus mit den Attributen »kurios« oder »skurril« versehen werden kann.

Von links nach rechts:
»Singulares«, »Coronas Major«, »Coronas Minor«

Angefangen haben soll es mit der Begehrlichkeit einiger Direktoren. Die saßen in London und standen Mitte der 1830er einer Bank vor. Der Name der Bank: »H. Upmann«, wobei das »H« für »Herman« stand. Da die Direktoren eine Leidenschaft für kubanische Zigarren hegten, eröffneten sie kurzerhand in Havanna eine Zweigstelle, nicht ohne den Mitarbeiter, der die dortige Dependance leiten sollte, vor dessen Abreise mit der Weisung zu entlassen, regelmäßig gewisse Kisten mit gewissem Inhalt in die britische Hauptstadt zu schicken. Der beflissene Mitarbeiter tat, wie ihm befohlen, ja, er ließ die Kisten – durchaus karrierefördernd – schon bald mit dem Namen der Bank kennzeichnen. Die Herren Direktoren sahen's mit Freuden.

Nach einer anderen Überlieferung steht das »H« des Markennamens für »Hermann«, während »Upmann« auf eine deutsche Bankdynastie verweist. Hermann Upmann war ein Spross dieser Dynastie, und wie es sich für Nachkommen einer solchen Familie gehört, gehorchte er der Tradition: Er schlug eine Karriere als Bankier ein. Ob er seinen Beruf mit Verve ausübte, ist nicht bekannt, wohl aber das Wissen um eine Leidenschaft, von der er nicht lassen konnte: gute Zigarren. Als nun im Jahre 1840 die Pläne seiner Bank, eine Zweigstelle in Havanna zu eröffnen, konkrete Formen annahmen, hatte auch unser Connaisseur genaue Vorstellungen von seiner weiteren Zukunft. Noch im selben Jahr suchte Hermann

Upmann Tag für Tag seinen Schreibtisch in der neuen Bankfiliale auf, sah man ihn in Zigarrenläden oder traf ihn auf Tabakplantagen oder beobachtete ihn, wie er sich mit Leuten unterhielt, die gleich ihm Zigarrenrauchen als Passion hatten. Bei all seinen Aktivitäten vergaß der Liebhaber guter Havannas jedoch nicht seine Zigarrenfreunde in der Heimat. Kontinuierlich versorgte er sie mit den wohlschmeckendsten und wohlriechendsten Zigarrenprodukten, die er erwerben konnte.

Wenn eine Sache einmal in Gang gekommen ist und die sich daraus resultierende Spirale immer schneller dreht, dann setzt meist

Die Familie Upmann
Ende des 19. Jahrhunderts

eine Entwicklung ein, die sich ihre eigenen Gesetze schafft. So auch in diesem Fall. Es kam, wie es kommen musste: 1844 gründete der Bankier Upmann seine eigene Zigarrenfabrik, und schon bald darauf erfreuten sich die »H. Upmanns« allgemeiner Beliebtheit.

Die Entstehung einer Zigarrenmarke, die auf eine lange Tradition zurückblicken kann, sowie die begleitenden Aufs und Abs, die mit der jeweiligen Marke in Verbindung gebracht werden, waren schon immer der Stoff für Geschichten und Legenden. So verhält es sich auch mit dem wechselvollen Werdegang der »H. Upmann«. So ist es nicht verwunderlich, dass noch eine dritte, ebenfalls recht sonderliche Geschichte erzählt wird. Danach soll es sich um ein deutsches Bruderpaar gehandelt haben, das nach einem längeren Kuba-Aufenthalt nichts anderes zu tun hatte, als in Havanna einen Zigarrenladen zu eröffnen, um bald darauf eine Zigarrenmarke ins Leben zu rufen, zu der natürlich auch eine Fabrikationsstätte gehörte – und so wurde bald auch die notwendige Fabrik gegründet. Ein Jahr später erhielten die Brüder Unterstützung in Gestalt eines neuen Gesellschafters, ebenfalls eines Deutschen. Zigarre, Laden und Fabrik brauchten natürlich einen Namen. Und genauso natürlich bot es sich an, den Familiennamen des Bruderpaares heranzuziehen – die »H. Upmann« war geboren.

Kommen wir schließlich zu der Version, die als die glaubwürdigste anzusehen ist und die unter Experten als allgemeingültig gilt.

Das Bankhaus »Hupmann« in Bremen schickte im Jahre 1843 Hermann und August Hupmann nach Havanna mit dem Auftrag, dort eine Filiale der Familienbank zu eröffnen. Seinerzeit herrschte auf Kuba ein wahrer ökonomischer Boom. Auf der Insel gab es jedoch weder nennenswerte Ressourcen noch ausgereifte Technologien, auf die das hohe wirtschaftliche Niveau zurückzuführen war. Obwohl das Zuckerrohr die Haupteinnahmequelle darstellte, war Kubas ganzer Stolz das Zigarrengeschäft. Darin war Kuba einzigartig. Die gestiegene Nachfrage nach Zigarren in Europa machte diesen Industriezweig jedenfalls zu einer Goldader. Die Investitionen der Gebrüder Hupmann waren die ersten deutschen Einlagen in diese Industrie. Am 1. Mai 1844 eröffneten sie in Havanna ein Depot und begannen mit dem Handel, kurz darauf auch mit der Produktion von Zigarren. Die Nachfrage nach ihren Zigarren wuchs beinahe täglich. Nicht ohne Grund: Die Zigarren der Marke »H. Upmann«, gefertigt aus den besten Blättern der Vuelta Abajo, zeichneten sich durch feine Aromen und einen langanhaltenden Geschmack aus.

Die erste Fabrik der Gebrüder Hupmann in der Calle San Miguel 75 trug anfänglich den Namen »La Madama«. Doch bald geriet dieser Name in Vergessenheit. Die Fabrik gewann ihren Ruhm in der Welt mit dem Zigarrennamen »H. Upmann«. Mit der Zeit wurde sie jedoch zu klein und schaffte es nicht mehr, dem wachsenden Bedürfnis nachzukommen, das durch die Kauflust entstanden war, welche die »H. Upmanns« entfacht hatten. Im Jahre 1886 kam dann die Marke »La Anita« hinzu, und die Gesellschaft fing an, ihre Produktionsmenge zu erhöhen, was denn 1890 zu der Gründung einer zweiten Fabrik in der Calle Carlos III 159 führte.

Eines der Geheimnisse für den Erfolg der Hupmanns war ihr durch und durch ernsthaftes, geradezu akribisches Verhältnis in Sachen Qualität. Vielleicht war gerade dieser Umstand der Urheber der hupmannschen Idee von der Zigarrenkiste. Auf dem langen Weg über den Ozean zu den Klienten in Europa verloren die Zigarren ihre wunderbaren Eigenschaften. Da kamen Kisten – zunächst als Präsente für die Bankkunden der Hupmanns in Deutschland gedacht – aus Zedernholz sehr zustatten.

Als dann Anfang der 1860er Jahre die ersten Etiketten herauskamen, hinterließ Hermann Hupmann auf jedem Etikett einer Zigarrenkiste seine Unterschrift, die dem Käufer versicherte, dass er sich höchstpersönlich von der ausgezeichneten Qualität jeder seiner Zigarren überzeugt hatte. Und die Qualität konnte sich wirklich sehen lassen: Auf internationalen Handelsausstellungen erhielten die Zigarren der Marke »H. Upmann« neben anderen Auszeichnungen nicht weniger als zehn Goldmedaillen: 1855 in Paris, 1862 in London, 1866 in Porto, 1869 erneut in Paris, 1872 in Moskau, 1873 in Wien, 1893 in Chicago, 1894 in Antwerpen, 1905 in Sydney und 1907 in Lüttich. Vierzehn dieser Medaillen zieren noch heute die *Vista,* welche auf die Innenseite des Deckels einer jeden Kiste geklebt ist, die den Namen »H. Upmann« trägt – es handelt sich also nicht, wie oft zu lesen ist, um Münzen, welche die Verbindung der Marke zu dem Bankhaus dokumentieren sollen.

Die Wirtschaftskrise Ende des 19. Jahrhunderts, bedingt durch den von 1895 bis 1898 dauernden Unabhängigkeitskampf gegen die spanische Herrschaft und die militärische Intervention der Vereinigten Staaten in ebendiesem Jahr 1898, der zum Spanisch-Amerikanischen Krieg führte –

diese Wirtschaftskrise brachte der Tabakindustrie große Verluste ein. Die Firma »H. Upmann« wurde zu dieser Zeit von den Söhnen Hermann Hupmanns geleitet, von Hermann Albert und Albert Heinrich. Drei Jahre nach dem Tod des Vaters – er war 1897 gestorben – waren sie nach Kuba gefahren, um das Zigarrengeschäft kennenzulernen. Obwohl Hermann Hupmann junior damals erst 18 Jahre alt war, wurde er dennoch in Kürze Geschäftsführender Direktor der Bank und der Zigarrenfabriken »H. Upmann«. Sein Onkel August – derselbe, der zusammen mit Hermann senior das Geschäft angefangen und auf die Beine gestellt hatte – begab sich, nachdem er seinem Neffen die Leitung übergeben hatte, zurück ins heimatliche Bremen. Nominell blieb er bis zu seinem Tod der Firmenchef.

Es muss erwähnt werden, dass Hermann senior noch einen dritten Sohn hatte. Karl Hupmann trat ebenfalls in die Fußstapfen seiner Eltern, beschritt dabei jedoch einen recht unkonventionellen Weg. Die Historie bewahrt Stillschweigen, warum es ihm nicht beschieden war, einen Platz innerhalb des Familienunternehmens zu finden. Vielleicht wollte er Unabhängigkeit, vielleicht kam er mit seinen Brü-

Von oben nach unten:
»Majestic«, »Magnum 46«, »Epicures«,
»Coronas Junior«, »Connaisseur No. 1«,
»Aromaticos«

dern nicht zurecht. Jedenfalls gründete er seine eigene Zigarrenfabrik in New York, in der aus Kuba importierter Tabak verarbeitet wurde. Die Marke »H. Upmann« gehörte jedoch ausschließlich seinen Brüdern.

Anfang des 20. Jahrhunderts stabilisierte sich die Lage auf dem Tabakmarkt in Kuba. Mehr noch, ein neuer Zigarrenboom begann. 1903 versuchte dann ein amerikanischer Tabakmagnat, den kubanischen Zigarrenmarkt zu monopolisieren. Dies war beileibe nicht der einzige Versuch, die kubanischen Hersteller ihrer Unabhängigkeit zu berauben. Unter anderem wurde einiges unternommen, um die *Fábrica* der Hupmanns für eine Million US-Dollar aufzukaufen (zuzüglich der geschätzten Summe jenes Werts, den Produktionskapazität und Depots ausmachten).

Zu dieser Zeit platzte die alte Fabrik der Gebrüder Hupmann in der Calle Carlos III mit ihren 900 Männern und 300 Frauen, die dort arbeiteten, aus den sprichwörtlichen Nähten. Die Konsequent: Die Brüder Hupmann ließen in der zwanzig Kilometer von Havanna entfernten Stadt Calabazar eine neue Fabrik bauen, kauften darüber hinaus neue Marken. Das Geschäft lief. Der persönliche Rekord der Hupmanns in diesen Jahren betrug 25 Millionen Zigarren im Jahr, aufgeteilt in mehr als 200 Formaten.

Das Glück hielt jedoch nicht lange an. Es ging in der weltweiten Katastrophe namens Erster Weltkrieg unter. Der Krieg zerstörte das Geschäft, die Kontakte, die Handelsbeziehungen zu Kuba, das Vertrauen in die deutsche Nation – und die kleine Welt der Familie Hupmann. Ihre Nationalität wurde zu einem unüberwindbaren Hindernis, einer Barriere für die weitere Tätigkeit. Sie war indirektem Druck und direkter Gewalt ausgesetzt. Nachdem Hermann Albert Hupmann auf die schwarze Liste gekommen war, wurde er unter Hausarrest gestellt,

*Von oben nach unten:
»Monarcas«, »Petit Upmanns«,
»Regalias«, »Sir Winston«,
»Upmann No. 2«*

und alle Operationen seiner Bank wurden gestoppt. Sein Bruder Albert reiste in die Vereinigten Staaten aus.

Einige Jahre lang wurden keine »H. Upmanns« hergestellt. Trotz vieler Anstrengungen der Brüder kam der familieneigene Betrieb nicht mehr auf die Beine, und so wurde 1922 offiziell der Bankrott des Unternehmens erklärt – die berühmte Fabrik »H. Upmann« wurde buchstäblich für Pfennige verkauft. Als Hermann Hupmann junior 1925 in Havanna starb, war der Prozess zur Liquidierung des Unternehmens noch in vollem Gange. Drei Jahre zuvor, am 18. Dezember 1922, hatte die Firma »Frankau & Co.« offiziell die Zigarrenfabrik »H. Upmann« in Besitz genommen.

Die Geschichte der Wechselbeziehungen zwischen den Unternehmen »H. Upmann« und »Frankau & Co.« reicht bis in die zweite Hälfte des 19. Jahrhunderts zurück. Joseph Frankau zog 1841 von Deutschland nach London und gründete dort besagte Firma »Frankau & Co.«. Die Landsleute lernten sich jedoch erst kennen, als beide ihre Heimat verlassen hatten. Die Zigarren waren der Grund. »Frankau & Co.« handelte nicht nur mit Gummischwämmen und medizinischen Blutegeln, sondern auch mit Zigarren – und wurde so zum Importeur und Vertreiber der Marke »H. Upmann« in London.

Im 20. Jahrhundert kreuzten sich die Wege der Unternehmen erneut. Hilbert Frankau, Enkel des Firmengründers Joseph, hatte noch 1916 seine Firma an den Konzern »Braden & Stark« verkauft. Und ebendiese neuen Besitzer trafen die Entscheidung, die Fabrik und die Marke »H. Upmann« zu kaufen und zwei alte Partner zusammenzuführen. So entstand die Firma »J. Frankau S. A.« (die allerdings die Zigarren vornehmlich als Profitquelle ansah). Die neuen Besitzer verstanden nichts von den Feinheiten der Zigarrenherstellung. Deshalb verpachteten sie die Fabrik bereits 1924 an die Firma »Solaun and Bros.«, die von den vier Brüdern Solaun gemeinsam geführt wurde. Um die berühmte Marke wiederzubeleben, stellten sie die Koryphäen des Zigarrenhandwerks ein: die Deutschen Otto Braddes und Paul Meier sowie den Spanier Francisco Fernández, die den Hupmanns nahezu 25 Jahre auf treu gedient hatten. Gleichwohl stand das neue Unternehmen unter keinem guten Stern. Die Firma fand nach wie vor weder Ruhe, noch erreichte sie Stabilität. In den 1930er Jahren wechselte sie wiederum

den Besitzer. Dieses Mal wurde es ein gewisser Mister Freeman.

Seit 1859 hatte sich »J. R. Freeman« mit der Zigarrenherstellung in England befasst. In den 1930er Jahren wurde dieser Name mit seinerzeit recht populären Marken in Verbindung gebracht. Die Produktion wurde erweitert, der Gewinn wuchs. Freeman war das zu wenig. Er kaufte die Firma »J. Frankau S.A.« – und mit ihr zusammen die Fabrik »H. Upmann« inklusive das Recht, die Marke zu nutzen.

Doch auch Freeman brachte der Marke kein Glück. Selten erschien der Besitzer auf Kuba – und wenn, dann nur, um den Ankauf des Tabaks für seine eigene Produktion in England zu kontrollieren. Letzten Endes beschloss er im Interesse der Marke, sie an kubanische Industrielle zu verkaufen. Bei einer seiner Reisen nach Kuba lernte er Alonso Menéndez kennen, der zu dieser Zeit zusammen mit dem früheren Chef von »Partagás«, mit Pepe García, die Zigarrenfabrik »Particulares« leitete. Kurze Rede, langer Sinn: Für 250.000 US-Dollar wehselten Marke und Fabrik die Besitzer. Die hießen jetzt Alonso Menéndez und Pepe García. Die beiden Zigarrenmacher setzten all ihre Mittel – materielle wie ideelle – für die Wiedergeburt der »H. Upmann« ein. Mit Erfolg: Nach einigen Jahren nahm die Fabrik den ersten Platz beim Havanna-Export ein. So wurde beispielsweise ein Jahr vor der Kubanischen Revolution von 1959 ein Drittel aller aus Kuba exportierten Zigarren in der Fábrica von Menéndez und García hergestellt.

Nicht zuletzt hatte man diesen Erfolg auch einer gezielten Arbeitsorganisation zu verdanken. An der Spitze der Fabrik stand der Generalmanager, und jede Abteilung hatte ihren Direktor. Arbeitsdisziplin und strenge Qualitätskontrolle waren die zwei Pfeiler, auf die sich die Produktion stützte.

Allerdings führte nicht nur die Errichtung neuer Strukturen, sondern auch die Einhaltung der Rechte der Arbeiter zu diesen überdurchschnittlichen Ergebnissen. Hatte bis 1934 ein Arbeitstag in der Fabrik zehn bis zwölf Stunden, setzte die Gewerkschaft in diesem Jahr den Acht-Stunden-Tag durch, und 1941 wurde schließlich die 44-Stunden-Woche eingeführt. Darüber hinaus bewirkte die präzise Arbeitsteilung, dass sich die Mitarbeiter spezialisierten. Arbeiter, welche die Zigarren rollten, beschnitten, mit

Bauchbinden versahen, nach Farbe sortierten und in Kisten packten, bildeten jeweils ihre eigenen Abteilungen. Die Chefs dachten auch an das allgemeine kulturelle und intellektuelle Niveau ihrer Arbeiter. Eine der diesbezüglichen Bemühungen war Leseunterricht.

Ein Lector *in den Produktionsstätten der* Upmann*-Fábrica*

Im Jahre 1944, als sich die Aufnahme der Zigarrenproduktion durch Hermann Hupmann zum hundertsten jährte, zog die Fabrik in ein neues Gebäude in der Calle Amistad, gelegen gleich neben der von »Partagás«. Heute werden in der *Fábrica* »H. Upmann« neben der Stammarke noch die Zigarren »Montecristo« und »Diplomáticos« hergestellt. Was das Verkaufsvolumen betrifft, steht die Fabrik an erster Stelle unter den kubanischen Zigarrenherstellern: Mehr als 25 Millionen Zigarren werden hier pro Jahr erzeugt, aufgeteilt in über 30 *Vitolas* von denen heute weniger als 20 auf die Marke »H. Upmann« entfallen (wobei es bis vor wenigen Jahren noch um die 50 waren.

Bleibt noch der Name. Da Vorname und Nachname von Hermann Hupmann mit einem »H« begannen und das spanische Wort für »Gebrüder« ebenfalls mit einem »H« (»Hermanos«) anfängt, waren das für Hermann zu viele »Hs«, und so strich er das seines Nachnamens. Auf deutsch hieß die Fabrik demnach »Gebrüder Upmann«.

José L. Piedra

Die »Piedras« gehören zu den Havannas, die gegen Ende des 19. Jahrhunderts entstanden sind. Dennoch handelt es sich hier um eine recht junge Marke, denn nach der Kubanischen Revolution geriet sie mehr und mehr in Vergessenheit – bis vor einigen Jahren die Verantwortlichen von »Habanos S. A.« die Marke neu positionierten. Die ehemaligen Schöpfer waren spanische Einwanderer aus der Provinz Asturien, die sich in Santa Clara niedergelassen hatten, einer Stadt der Region Remedios, in der seit dem 16. Jahrhundert Tabak angebaut wird.

Von links nach rechts:
»Brevas«, »Cazadores«,
»Conservas«, »Cremas«,
»Nacionales«, »Petit Cetros«

La Flor de Cano

Die »Blume der Canos« – der Name weist auf die Brüder José und Tomás Cano hin, den Schöpfern dieser Marke. Den Einlagen für die Zigarren ließen sie eine besondere Pflege angedeihen, ehe sie ihnen schließlich im Jahr 1884 erlaubten, im Rahmen der Öffentlichkeit aufzutreten.

Leider werden inzwischen nur noch wenige Formate dieser Traditionsmarke hergestellt, wobei es sich bei allen um Shortfiller handelt.

Von links nach rechts: »Selectos«, »Preferidos«, »Predilectos Tubulares«

La Gloria Cubana

Eigentlich passt sie so gar nicht in das Produktionsprogramm der »Partagás«-Fabrik, die Havanna-Marke »La Gloria Cubana«, werden doch hier mit der »Bolívar«, der »Partagás« und der »Ramón Allones« Zigarren hergestellt, die eindeutig den stärkeren Havannas zuzuordnen sind, die es zu kaufen und zu rauchen gibt. Die »Glorias« hingegen stehen stark im Gegensatz zu den Zigarren der oben genannten Marken, denn sie gehören zu den Havannas, die eindeutig als »mild-aromatisch« gelten.

Zum Glück für diejenigen, die milde Havannas bevorzugen, gibt es die »Glorias« überhaupt noch. Besser müsste man sagen: Es gibt sie wieder, denn eine ganze Zeit lang wurden sie gar nicht hergestellt, obwohl sie vor der Kubanischen Revolution zu den Zigarren gehörten, die mehr und mehr nachgefragt wurden. Doch wie so viele Marken, so ereilte auch die »Gloria Cubana« das Schicksal, nicht mehr auf der Liste der einstmals angesehenen, Glanz und Exklusivität ausstrahlenden Traditionsmarken zu stehen, deren Produktion nach dem unsäglichen Zwischenspiel mit der »El Siboney« (als einziger Vertreterin der Havanna) sofort wieder aufgenommen wurde.

Doch mittlerweile erfreuen sich die »Glorias« abermalig einer steigenden Anhängerschaft und haben sich somit fest etabliert – zum Glück auch für diejenigen, die zwar mild lieben, aber nicht auf jene unverwechselbare Würze verzichten möchten, die vielen Havannas eigen ist.

Von unten nach oben:
»Médaille d'Or No. 1«,
»Médaille d'Or No. 2«,
»Médaille d'Or No. 3«,
»Médaille d'Or No. 4«

Los Statos de Luxe

Das »L« am Anfang von »Los«, dem ersten Teil des Markennamens »Los Statos de Luxe«, könnte auch für »leider« stehen, denn leider werden diese Havannas zurzeit nicht mehr hergestellt, nachdem sie schon zuvor nicht überall zu bekommen waren, da sie nur noch in geringer Stückzahl hergestellt wurden. »Leider« auch deswegen, weil es sich hier um Zigarren handelte, die für intensiven Havanna-Geschmack standen.

Montecristo

Sehen viele Experten die »Cohiba« als die Havanna-Marke schlechthin an, so sind nicht wenige der Meinung, die »A« von »Montecristo« sei wohl diejenige Havanna, der die Krone als beste Zigarre gebühre, welche auf Kuba die Tore einer Fabrik verlasse. Mit den Expertenmeinungen ist das so eine Sache. Wer sich ausschließlich an ihnen orientiert, kann mitunter zu den zeitweilig Enttäuschten dieser Welt gehören. Gerade dann, wenn es sich um den Geschmack dreht, wird jeder für sich herausfinden (müssen), was ihm besonders zusagt und was weniger. Das ist bei Zigarren wie bei jedem anderen Genussmittel auch, und deshalb gibt es sie eigentlich gar nicht, die »beste« Zigarre. »Die beste Zigarre ist diejenige, die jeder ... in einem bestimmten Moment bevorzugt.« Dieser Satz stammt von Zino Davidoff. Dass die »A« von »Montecristo« unzweifelhaft zum Besten

gehört, was auf dem Markt der Havannas angeboten wird, ist jedoch unbestritten.

Indes besteht die Marke »Montecristo« nicht allein aus der »A«, denn auch die anderen Formate haben dazu beigetragen, die Marke »Montecristo« – neben der »Cohiba« – zur weltweit bekanntesten kubanischen Marke überhaupt werden zu lassen. Die meistverkaufte ist sie sowieso.

Das ist vor allem zurückzuführen auf José Manuel González, der für die Herstellung der »Montecristos« allein verantwortlich zeichnete, nachdem die Familien Menéndez und García, Besitzer der Marke, schon bald nach Castros Machtergreifung Kuba verlassen hatten. González, für viele einer der besten Zigarrenmacher, die je gelebt haben, war bekannt dafür, auch nicht den kleinsten Fehler, nicht die geringste Unachtsamkeit einem seiner *Torcedores* durchgehen zu lassen, und auf ihn geht auch jene eindrucksvolle Auswahl der verschiedensten Blätter zurück, welche auf der einen Seite alle »Montecristos« so unverwechselbar, auf der anderen Seite wiederum jedes Format so einzigartig macht. Selbst *Aficionados*, die den starken Havanna-Geschmack lieben, sind für die nicht ganz so stark gehaltenen, jedoch aromenreichen »Montecristos« zu begeistern.

Dabei war der Erfolgsweg der »Montecristo« gar nicht vorgezeichnet, als 1936 Alonso Menéndez und Pepe García das Format »H. Upmann Montecristo Selection« vorstellten. Die »Montecristo« war demnach zunächst ein Format unter vielen der Marke »H. Upmann«. Gleichwohl handelte es sich um eine Marke. Sie war im Juli 1935 von Segundo López eingetragen worden, dem Besitzer der Zigarrenfabrik »Particulares«, seinerzeit eine der besten Adressen in Havanna, wenn von Zigarren die Rede war. Nur wenige Tage nach dem Eintrag ins Warenregister kaufte Alonso Menéndez die *Fábrica* von Segundo López und somit auch den Markennamen »Montecristo« – und das Logo. Das war geradezu revolutionär zu nennen, denn es kam lediglich mit gekreuzten Degen, die ein Dreieck bilden, und einer königlichen Lilie aus. Dieser auf Kuba bis dato ungewöhnliche Markenauftritt war der erste, dessen Design modern, kompakt und weit entfernt

Von links nach rechts: »Montecristo No. 1«, »Montecristo No. 2«, »Montecristo No. 3«, »Montecristo No. 4«, »Montecristo No. 5«

von dem bisher üblichen barocken Stil war, der vor allem durch goldene Symbole und Ranken sowie durch eine Überfülle an pflanzlichen Ornamenten, üppig proportionierten Frauen und Wappen aller Art zu überzeugen suchte.

Schon bald entwickelte sich aus dem Format die eigenständige Marke »Montecristo«. Wenig später begann der phänomenale Aufstieg der »Montecristo« zur mittlerweile meistverkauften *Marca del Habano,* wozu unzweifelhaft auch das ungewöhnliche Design seinen Beitrag leistete.

Warum die Geburtshelfer der Marke sie auf den Namen »Montecristo« tauften, ist nicht mehr eindeutig nachzuvollziehen. Wie bei so vielem anderem, was auf Kuba mit Zigarren in Verbindung gebracht wird, existieren auch hier einige wundersame Geschichten, auf welche Weise die Marke zu ihrem Namen gekommen ist. Lange Zeit erzählte man sich, dass es die Familie Menéndez gewesen war, die auf diesen Namen während eines Urlaubs im Kurort Monte Altube kam. Dort ließ sie sich den seinerzeit allseits bekannten Wein »Lacrime di Cristo« (»Die Tränen Christi«) des öfteren schmecken. Aus »Monte« und »Cristo« wurde schließlich »Montecristo«. So kann es aber nicht gewesen sein, da es die Marke bekanntlich schon vor dem Kauf der *Fábrica* »Particulares« gab. Wie so oft, so wird auch in diesem Fall die Wahrheit eine wenig spektakuläre sein: Bekanntlich brachten (und bringen) *Lectores* den in der *Galera* arbeitenden *Torcedores* Werke berühmter Schriftsteller, klassischer wie zeitgenössischer, zu Gehör. Zwei von ihnen hatten denselben Nachnamen: Dumas. Deshalb gibt es auch die beiden Zusätze »der Ältere« und »der Jüngere«, damit man unterscheiden kann, wessen Werk man gerade liest – das des Vaters oder das des Sohnes. Der Ältere war es nun, der einen der berühmtesten Abenteuerromane der Weltliteratur schuf: *Der Graf von Monte Christo*. Dieses Buch mussten die *Lectores* sehr oft aus ihrem Fundus hervorholen, da es sich bei den *Torcedores* äußerster Beliebtheit erfreute. Das war auch kein Wunder, denn der Graf von Monte Christo hat alles, was ein Abenteuerroman haben muss: Liebe, Intrige, schließlich Rache und der Triumph des Guten. Der Name war gefunden. Es verwundert eigentlich nur, warum der Name »Montecristo« nicht schon vor 1935 für eine Havanna-Marke vergeben worden ist …

Von oben nach unten:
»Especiales No. 2«,
»Especiales«,
»Montecristo A«

Partagás

Es geschah am 17. Juni 1868. Da fanden *Vegueros* am späten Abend den Besitzer der *Finca* in der Vuelta Abajo schwer verwundet auf einer seiner Plantagen. Die Verletzungen waren so schwer, dass Don Jaime Partagás y Ravelo, eine der schillerndsten Gestalten in der Geschichte der Havanna, auf den Tag genau einen Monat später starb.

War es Rache? Oder Raub? Die Tat eines Konkurrenten? Oder was es das Werk einer Person, die mit Don Jaime, dem Lebemann, einen Händel hatte? Die Umstände konnten nicht geklärt werden, und selbst über die Tatwaffe – Messer oder Pistole – ist nichts bekannt. Der Spekulationen gab es jedenfalls viele. Schließlich waren einige Tatmotive denkbar ...

Doch von vorn. Jaime Partagás kam Anfang der 1830er Jahre in der Hauptstadt an. Da war er 15 – und er war sofort vom Tabakvirus befallen. Damals gehörten die besten Plantagen, Fabriken und Handelslager Katalanen, Landsleuten des jungen Jaime.

Rasch eignete sich der junge Mann die Feinheiten des Tabakgeschäfts an, und bald erwarb er eigene Plantagen.

Jaime Partagás

So gelangte ein bedeutender Teil des Guts »Hato de la Cruz« in der Provinz Pinar del Río in seinen Besitz, dort, wo sich die berühmten Plantagen der Vuelta Abajo befanden. Jetzt hatte Jaime alles zur Verfügung, um Zigarren unter einer eigenen Marke herstellen zu können: Plantagen, Verkaufsläden – und Käufer in Europa. In seinem Tun war er wie besessen: Er achtete auf jedes Detail während der Produktion – angefangen bei den Besonderheiten der Tabakpflanzung bis hin zur Gestaltung der Zigarrenkisten.

Seine Plantage in der Vuelta Abajo lieferte stets die besten Tabakblätter Kubas. Der Unternehmer arbeitete nach der Try-und-Error-Methode, indem er ständig probierte und experimentierte. Das führte zu einzigartigen Tabakmischungen aus Blättern verschiedener Sorten unterschiedlicher Lagerung. Als Folge entstanden schließlich die 67 berühmten Zigarrenformate von »Partagás«, solche wie »Britanicos«, »Carolinas«, »Cazadores«, »Coronas Grandes« und »Cervantes«, um nur einige zu nennen. Jede Sorte hatte einen einzigartigen Geschmack und ein unverwechselbares Aroma.

Mit jedem Jahr verbesserte sich die Qualität der »Partagás«-Zigarren. Parallel dazu stiegen die Einnahmen des Besitzers. Bald darauf konnte Partagás die Fabrik seiner Träume bauen. Er kaufte ein vierstöckiges Gebäude im Kolonialstil in einer der besten Gegenden von Havanna. Jetzt wurden seine wertvollen Zigarren in einem Palast »geboren«. Ab 1845 trug die Fabrik in der Calle de la Industria No. 520 einen stolzen Namen – »Königliche Tabakfabrik Partagás« (»Real Fábrica de Tabacos Partagás«). Die Disziplin, die in der Fabrik herrschte, lässt sich nur mit »eisern« umschreiben. Alle Arbeiter hatten entsetzliche Angst vor Don Jaime. Ging er durch die Fabrikhallen, herrschte tödliche Stille.

Wie dem auch sei: Die Expansion der Marke »Partagás« war mehr als beachtlich. Dabei bemühte sich Don Jaime nicht immer darum, die »Firmenzugehörigkeit« seiner Zigarren zu betonen – im Gegenteil: Nicht selten »versteckte« er wenig bekannte Zigarren unter bereits gut laufenden Marken. Ein solcher Vorfall fand 1848 statt. Bereits ein Vierteljahrhundert bevorzugten die Europäer die Produktionen der Firma »Cabañas, Carbajal y Cia«, insbesondere die Zigarren der Marke »H. de Cabañas y Carbajal«. Häufig wurde der Name der populären Marke im Alltag auf »H. de Cabañas« verkürzt. Genau dieses Wort »Cabañas« entlehnte der findige Jaime Partagás. Entsprechend der gesetzlichen Ordnung auf Kuba wandte er sich an die Behörden mit der Bitte, ihm die Lizenz für die Produktion und den Verkauf der Marke »La Flor de Cabañas de Partagás y Cia« zu erteilen. Die Lizenz wurde erteilt. Zwei weitere Jahre wurden für die Kreation eines neuen hervorragenden Aromas verwandt. Jetzt war es nur noch ein vergleichsweise kleiner Schritt, Berühmtheit in der gesamten Tabakwelt zu erlangen. Die 1851 in London stattfindende Weltausstellung bestätigte die Einschätzung von Jaime Partagás – das Schlüsselwort spielte die ihm zugedachte Rolle: Die Kommission entschied, »La Flor de Cabañas de Partagás« sei eine neue Marke von »Cabañas, Carbajal y Cia« – und verlieh ihr eine Goldmedaille.

Als der Besitzer von »H. de Cabañas«, Manuel González Carbajal, von der Ungeheuerlichkeit erfuhr, strebte er einen Prozess gegen den neugeborenen Tabakmagnaten an. Am Ende entschied das Gericht, dass Don Jaime den strittigen Namen in »La Flor de Tabacos de Partagás« umändern müsse. Aber das berührte den umtriebigen Unternehmer herzlich wenig: In den zwei Jahren, in denen der Rechtsstreit lief, hatten es die »La Flores de Cabañas de Partagás« geschafft, die Raucherwelt zu erobern. In der Folgezeit ließ Don Jaime seine Konkurrenten weit hinter sich.

Wenden wir uns wieder dem Jahr 1868 zu. Noch lange blieb der Tod von Don Jaime die wichtigste Nachricht in Havanna. Ein Gerücht, eine Spekulation jagte die andere – schließlich war Jaime Partagás, der erfolgreiche Geschäftsmann, der eleganteste Mann der kubanischen Hauptstadt, eine der umstrittensten Personen der Oberschicht gewesen. Tauchte er, umgeben von seinem Gefolge, auf der Straße auf, gab es keinerlei Zweifel, dass hier ein echter Tabakkönig die Bühne betrat.

Die Tabakleute mochten Jaime Partagás nicht besonders und bezeichneten ihn als Heuchler und Konkurrenten, der weder Scham noch Gewissen besaß. Nicht selten konnte man von den Gebrüdern Upmann hören: »Jemand sollte diesen Flegel Partagás stoppen!« Auch Carbajals Geschichte war in aller Munde – ihm wird die Rache an Don Jaime zugeschrieben. Angeblich hatte Señor Carbajal seinem Gegenspieler die Geschichte mit der Goldmedaille nicht verziehen und einen Mörder gedingt.

Dann wiederum soll ein amouröses Abenteuer der Grund für den Tod des Besitzers von »Hato de la Cruz« gewesen sein. Die markante Erscheinung von Jaime Partagás, sein Charme, seine Galanterie und sein Reichtum brachten ihm den Ruhm eines »Casanovas von Havanna« ein und verhalfen ihm dazu, mehr als eine lokale Schönheit zu erobern. Es gab viele Gerüchte über seine unzähligen Liebesaffairen. Am besten gefielen Don Jaime die Mulattinnen, die auf seiner Plantage arbeiteten. Viele hatten, wie auch die meisten vornehmen Schönheiten, eifersüchtige Männer, und ein jeder von ihnen hätte den »liebevollen« Plantagenbesitzer mit einer Machete abstechen oder mit einer Gewehrkugel ermorden können.

Und noch eine weitere Version des Vorfalls: Jaime Partagás war angeheitert von einem Besuch nach Hause gekommen. Sein Nachbar Don Pedro hatte ihm aufgelauert und ihm eine Kugel in den Kopf geschossen. Man

erzählte, dass Jaime seinem Nachbar nicht nur Hörner aufgesetzt, sondern vor seiner Nase Tabakvorräte entwendet hätte.

Doch Don Jaime lebte weiter ... Eines Tages gegen Abend brachte eine junge Fabrikarbeiterin die von ihr an diesem Tag gerollten Zigarren ins Lager, als sie eine bekannte Silhouette sah: Eleganter Hut aus dem teuren Laden in der Calle del Obispo, Anzug aus feinstem englischem Tuch, weißes Hemd, seidene Fliege. Das war ... der verstorbene Don Jaime. Nachdem das Gespenst dem verblüfft dastehenden Mädchen offenbar zur Begrüßung zugenickt hatte, zog es die bekannte goldene Uhr aus der Innentasche, sah auf das Zifferblatt und entfernte sich langsam. Auf den herzzerreißenden Schrei der Arbeiterin rannte einige Sekunden später die halbe Fabrik herbei. Außer sich vor Angst, berichtete die Unglückliche allen von ihrer Begegnung mit dem Geist.

Möglicherweise wäre das Mädchen für verrückt erklärt worden, hätte es nicht den Vorfall mit dem Nachtwächter gegeben, den alle als einen äußerst ernsthaften und ausgeglichenen Menschen kannten. Kurz nach dem Ereignis im

Lager trafen die Arbeiter, die morgens zur Fabrik gingen, den Wächter auf der Straße an, als er Hals über Kopf davoneilte. Er schwor alle Eide, nachts zusammen mit Don Jaime die Fabrikräume abgegangen zu sein. Das Gespenst hätte sich in einiger Entfernung aufgehalten und die ganze Zeit eine große Zigarre geraucht. Wie man auch auf den Wächter einredete – er weigerte sich kategorisch, in die Calle de la Industria zurückzukehren.

Jene Panik drohte in eine Flucht der Arbeiter auszuarten. Die von einer solchen Perspektive beunruhigten Verwandten des Toten riefen sogleich zwei Priester herbei: Einer führte das Ritual der Geistervertreibung durch, der andere besprengte Werkhallen, Lager und Läden mit Weihwasser. Die durchgeführten Maßnahmen stellten jedoch nicht alle zufrieden. Drei dunkelhäutige Arbeiterinnen betrachteten die katholischen Rituale voller Misstrauen. Sie baten die Leitung um Erlaubnis, einen Zauberer herbringen zu dürfen. Zu einer anderen Zeit hätten die Mädchen einen ordentlichen Rüffel für ihre heidnischen Launen bekommen, doch dieses Mal erklärten sich die neuen Hausherren angesichts der Situation einverstanden. Beim Anblick des Beschwörungen murmelnden Zauberers, der mit einem Gefäß hantierte, bekreuzigten sich die katholischen Arbeiter inbrünstig. In diesem Moment verfiel der Zauberer in Trance und sprach: »Von jetzt an wird der Geist von Jaime nicht mehr hierher zurückkehren.« Und der ratlos dreinblickende Fabrikleiter murmelte: »Wir werden sehen, ob die Seele des Armen ins Paradies kommt und dort endlich ihre Ruhe findet.«

Genau 30 Jahre hielten die Beschwörungen. Anfang des 19. Jahrhunderts erschien das Gespenst noch einige Male. Vielleicht wollte der rebellische Geist Don Jaimes mit seinem Mörder abrechnen, vielleicht wollte er seine Kinder nicht ohne wachsame Kontrolle lassen, vielleicht aber sehnte er sich auch nach den auf der Erde zurückgebliebenen braunhäutigen Schönheiten. Dabei scheuchte er in den Gängen der Fabrik einen kleinen Dieb aus seinem Versteck. Es wird erzählt, der Dieb habe nach dieser Begegnung seine kriminelle Laufbahn beendet. Ein weiterer Auftritt des verstorbenen Tabakkönigs hatte nicht nur positive Folgen: Der Aufseher einer der Werkhallen starb vor Schreck. Und die Nachtwächter hörten mehr als einmal jenes eisige Lachen einer Seele, das ihrer Meinung nach eindeutig dem früheren Fabrikbesitzer gehörte.

Trotz aller Spukgeschichten: Die Erben hatten sich ihrer Tagesarbeit zu widmen. Don Jaimes Sohn José oblag es, die weltweit anerkannte Marke »Partagás« weiter voranzubringen. Er hatte zwar Fabrik und Marke von seinem Vater geerbt, nicht jedoch dessen Besessenheit, Geschick, Talent, auch nicht dessen Fortune. »Partagás« war recht bald nicht mehr das, was es einmal gewesen war. Schließlich hieß der neue Besitzer José A. Bances, Börsianer und Bankier, der mit der Zeit zahlreiche Zuckerrohrplantagen und kleine Tabakverarbeitungsläden aufgekauft hatte. Das Organisationstalent, das unternehmerische Geschick und das Kapital von Bances verbesserten die Lage der Firma. Die »Gesundung« betraf jedoch in erster Linie die finanzielle Situation. Hinsichtlich der Kreativität blieb vieles auf der Strecke.

Mit dem Eintritt von Bances begannen neue Zeiten für das Unternehmen. Mit bisher unbekannter Regelmäßigkeit sollten buchstäblich alle zehn Jahre die Teilhaber von »Partagás« wechseln. Aber auch die waren unfähig, die Lage zu beeinflussen. 1888 wandelte Bances seine Tabakbetriebe in eine Aktiengesellschaft um, behielt selbst ein Drittel der Aktien mit dem Eigentumsrecht auf die Plantagen in der Vuelta Abajo und die Fabrik »Partagás« in Havanna. 1899 wurde Ramón Cifuentes Kompagnon von Bances, der ihm später seinen Anteil verkaufte. Kurzzeitig verband Cifuentes seine Bemühungen mit Baldomero Fernández. Dann, 1916, verkaufte er seine neuen Aktien an Francisco Pego-y-Pita weiter, und in den nächsten zwanzig Jahren brauchte man bei »Partagás« nicht mehr an Besitzerwechsel zu denken.

Ramón Cifuentes war ein erfahrener Tabakhersteller und -händler. Obwohl man seine Beziehung zum Geschäft nicht als gleichgültig bezeichnen kann, befasste er sich ebenfalls vorwiegend mit der Lösung von finanziellen Problemen. In dieser Zeit wurde die Kasse des Unternehmens nicht mit selbst hergestellten Marken aufgefüllt, sondern mit solchen, die Don Ramón erworben hatte, berühmten wie »Coruncho«, »El Corojo«, »La Intimidad« und nicht zuletzt »Ramón Allones«. Cifuentes' Hauptverdienst bestand jedoch darin, seinen Kindern die Liebe und die Achtung gegenüber der Marke »Partagás« zu vermitteln. Die schweren Zeiten waren vorüber. In der Historie der

Von links nach rechts:
»Lusitanias«, »8·9·8 Cabinet Selection«,
»Coronas«, »Petit Coronas Especiales«,
»Aristócrats«, »Habaneros«, »Chicos«

Marke war ein neues Haupt hinzugekommen: Cifuentes.

Nach dem Tod von Ramón Cifuentes verkaufte Pego-y-Pita seinen Anteil den Söhnen von Don Ramón: Ramón, Rafael und Manuel. Einzig Ramón bekundete ein echtes Interesse für das Geschäft, war er doch ernsthaft begeistert vom Zigarrengeschäft. Für »Partagás« wurde der jüngere Ramón Cifuentes zum zweiten Don Jaime. Grenzenlose Liebe zu den legendären Zigarren half ihm, die schwierigsten Situationen durchzustehen. »Partagás« zu Zeiten der Leitung von Cifuentes junior ist die andauernde Suche nach Kompromissen und vor allem der Versuch, eine gemeinsame Sprache mit den Arbeitern zu finden.

Die Wirtschaftskrise von 1920 und 1921 machte nicht wenige nordamerikanische Raucher zahlungsunfähig. Mit jedem Monat reduzierte sich die Zahl der produzierten Zigarren, sodass die Fabrikanten gezwungen waren, das Personal zu verringern und die Löhne zu kürzen. Noch unter Cifuentes senior hatte sich die Fabrik von »Partagás«

dem gesamtkubanischen Streik angeschlossen. Gemäß der offiziellen Version der kubanischen Behörden dauerte der Streik zwei Jahre, von 1930 bis 1932, aber in Wirklichkeit war die Tabakindustrie im Land noch lange von diesem Fieber befallen. Jeden Moment konnten die Arbeiter den nächsten Streik beginnen (was auch bis Anfang der 1940er Jahre geschah). Die Perspektiven der Firma »Partagás« im Verlauf jener Zeit waren äußerst nebulös: Eine kleine Fabrik in einem Vorort von Havanna, wohin die Leitung gezogen war, und eine Handvoll Arbeiter, die weiterhin Zigarren in der Hauptstadt rollten, konnten lediglich die kubanischen Raucher versorgen. Für den Export blieb nichts übrig.

Ende der 1930er Jahre wehten endlich günstigere Winde. Mit der Hilfe von Ramón Cifuentes junior gelang es den Chefs der Zigarrenfabriken, Absprachen mit den Arbeitern zu treffen. Ein neuer Vertrag wurde gemeinsam unterzeichnet, der zumindest teilweise die Bedingungen der Arbeiter erfüllte. Bald darauf wurde »Partagás« wieder zur Marke Nummer 1. Die ganze Welt schien auf das Comeback dieser Zigarren gewartet zu haben.

Don Ramón gelang es bis Anfang der 1950er Jahre, das Verhältnis zu seinen Mitarbeitern stabil zu halten. Doch dann erwarb er eine technische Neuerung: eine Maschine zum Rollen von Zigarren. Das Tabakgeschäft war seinerzeit erneut von einer Krise betroffen. Die Welt, noch nicht vom Zweiten Weltkrieg erholt, offenbarte wenig Sinn für kubanische Zigarren. Cifuentes setzte neue Hoffnung nicht zuletzt auf den Einsatz von Maschinen: Dadurch ließen sich das Produktionsvolumen erhöhen und Arbeitsplätze einsparen. Die Reaktion der Arbeiter in Havanna ähnelte dem unbesonnenen Zorn der englischen Maschinenstürmer: Sie waren bereit, die Maschinen allesamt zu zerschlagen. Ramón Cifuentes fand schließlich einen Kompromiss: Es wurde entschieden, die Exportzigarren von Hand zu rollen und die für den Binnenmarkt mit Maschinen.

Diese Misserfolge hätten jeden zerbrechen können, nicht jedoch Cifuentes. Zu sehr war er inzwischen der Sache »Partagás« ergeben, um Schwierigkeiten aus dem Weg zu gehen und äußeren Bedingungen zu gestatten, ihm den Sinn seines Lebens zu nehmen. Selbst mit sehr starrköpfigen Streikenden fand er eine gemeinsame Sprache. Ganz anders sah es dann mit den weit radikaleren »Brüdern« Fidel Castro und Ernesto »Che« Guevara aus ...

Im Jahre 1961 besetzten Revolutionssoldaten der Republik Kuba das Gebäude der Fabrik in Havanna und erklärten Ramón Cifuentes die Verstaatlichung seines Betriebs und die Konfiszierung seines gesamten Eigentums. Man gestattete ihm noch nicht einmal, sein persönliches Hab und Gut zu behalten. Statt dessen unterbreiteten sie ihm einen verlockenden Vorschlag: Nach Auffassung der Revolutionäre sollte der Export von berühmten kubanischen Zigarren zur lichten Gegenwart und Zukunft der Republik gehören. Fidel Castro wusste genau, dass er keinen zweiten Tabakproduzenten finden würde, der bereits zu Lebzeiten zu einer Legende geworden war. Er schlug vor, dass Ramón Cifuentes junior die nationale Tabakindustrie führen und alle Zigarrenfabriken Kubas leiten solle. Doch Cifuentes lehnte ab. Sein Leben gehörte nur einer Marke: »Partagás«. Zusammen mit seiner Frau verließ Ramón Cifuentes Kuba.

»Partagás« zählt zu den ältesten Havanna-Marken, die heute noch existieren – und die Zigarren erfreuen sich großer Beliebtheit, vornehmlich bei jenen Habanophilen, die den typischen starken Geschmack einer Havanna lieben. In dem ehrwürdigen Gemäuer in der Calle de la Industria No. 520 werden die zahlreichen Formate der »Partagás« immer noch gefertigt – nur heißt die *Fábrica* jetzt offiziell »Francisco Pérez Germán«. Aber das ist eine andere Geschichte ...

Por Larrañaga

Das ist sie, die älteste Havanna-Marke, die heute noch hergestellt wird – sieht man einmal von der »Cabañas«, deren Zukunft ja ungewiss ist, mit ihrer wechselvollen Geschichte ab. Zeitweilig war die »Por Larrañaga« auch die bekannteste Habano.

Das hatte sie nicht zuletzt dem englischen Erzähler und Romancier Rudyard Kipling zu verdanken, der in einem seiner Gedichte die immer wieder gerne als Zitat kolportierte Feststellung machte: »Eine Frau ist nur eine Frau, aber eine gute Zigarre ist ein Smoke.«

Das Wort »Smoke« impliziert weit mehr als den bloßen Vorgang des Rauchens. Ganze Generationen von Übersetzern haben sich mit diesem Wort schwer getan, besonders wohl die, die in ihrem Leben nie eine gute Zigarre geraucht haben. »Smoke« ist eigentlich auch gar nicht ins Deutsche zu übersetzen, weil sich in unserer Sprache keine passende Entsprechung findet, jedenfalls keine, die diesem Ausdruck gerecht wird. Das ist weiter nicht tragisch, denn es gibt viele angelsächsische Wörter, bei denen man gut tut, sie einfach zu übernehmen – »Manager« ist so ein Wort.

Mit »Smoke« verhält es sich ähnlich. »Smoke« drückt eigentlich viel mehr aus, als es beispielsweise das Wort »Rauchgenuss« zu vermitteln vermag, obwohl das schon ein Begriff ist, der durchaus einiges an Gewicht hat, jedenfalls mehr als zum Beispiel das Wort »Rauchen«. Der Ausdruck »Raucherlebnis« kommt der Bedeutung da schon näher. Für viele Connaisseure ist es nämlich ein Erlebnis, wenn sie sich abends in einer stillen Stunde ihre Zigarre anzünden, um den Tag noch einmal Revue passieren zu lassen. Dabei erfordert die Zigarre Aufmerksamkeit – man muss sich mit ihr beschäftigen, um sie zu erleben. Das nimmt gleichzeitig die Sinne in Anspruch – und so ist ein »Smoke« eben mehr, als nur eine Zigarre zu rauchen.

Manchmal sind Zitate, wenn sie allein stehen, etwas irreführend. So verhält es sich vielleicht auch mit dem vorliegenden. Es lässt gleichfalls eine andere Interpretation zu: Eine Zigarre ist nur eine Zigarre, wenn man ihr nicht genügend Aufmerksamkeit widmet und sich nicht gebührend mit ihr beschäftigt – genau wie eine Frau, genau wie ein Mann auch Menschen wie jede(r) andere bleiben, wenn man nicht gewillt ist, sie näher kennenzulernen. Deshalb sollte man das Rauchen zu einem Erlebnis der Auseinandersetzung machen.

Von links nach rechts: »Montecarlos«, »Panetelas«, »Lolas en Cedro«

Punch

Es soll ein Deutscher gewesen sein, der diese beliebte Marke im Jahre 1840 ins Leben gerufen hat – allerdings noch nicht unter dem Namen, der schon wenig später auf eine der bekanntesten Havannas verweisen sollte. Dennoch ist die »Punch« – sieht man einmal von der »Cabañas« ab – nach der »Por Larrañaga« und der »Ramón Allones« die älteste Havanna-Marke, die heute noch hergestellt wird.

Weil zu jener Zeit die kubanischen Zigarren gerade davor standen, ihren weltweiten Siegeszug anzutreten, und weil insbesondere Großbritannien als ein Markt galt, der als äußerst lohnend erschien, sannen ganze Heerscharen von Zigarrenmachern darüber nach, welche besonderen Anreize es geben könnte, um die Briten noch mehr als bisher für Havannas einzunehmen.

Das taten auch die Verantwortlichen von jener Fabrik, welche die oben erwähnten Zigarren herstellten. Schließlich erhielten sie unerwartete Hilfe aus dem Land, auf das sie ihr besonderes Augenmerk gerichtet hatten: aus England.

Im Jahre 1841 wurde dort eine satirische Wochenzeitschrift gegründet mit dem Namen »Punch«, der sich wiederum auf die Titelfigur bezog: einen Harlekin, »Punch« geheißen, der Woche für Woche im Innenteil der Zeitschrift seine Späße trieb. Dieser britische »Kasperl« kam seinerzeit bei den gebildeten Engländern mit ihrem ganz eigenen Sinn für Humor gut an. Als sich das Satiremagazin schnell wachsender Beliebtheit erfreute, kamen die Zigarrenmacher auf die Idee, jene Beliebtheit zu nutzen, indem sie ihre noch namenlose neue Marke nach ebendiesem Magazin

benannten. Und um den Briten ihr Produkt im wahrsten Sinne des Wortes schmackhaft zu machen, zierte schon bald jede Kiste »Punch« eine bunte Lithografie, auf der die Titelfigur genüsslich eine Zigarre raucht, während ein treuer Hund ihr zu Füßen sitzt. Umrahmt wird dieses Zufriedenheit ausstrahlende Duo von einigen Szenen aus der Zigarrenproduktion. Noch heute ist besagte *Cubierta* auf all jenen Kisten angebracht, deren Inhalt die bekannten »Punchs« sind, und wie ehedem erfreuen sich diese im Aroma mittelkräftigen Zigarren einer großen Beliebtheit – und das nicht nur in Großbritannien, sondern weltweit.

Ein weiterer Hinweis auf die wechselvolle Geschichte der »Punch« findet sich auf den Bauchbinden der Zigarren. Und zwar ist dort »Manuel López« zu lesen. Unter seiner Leitung wurden die »Punchs« nämlich seit Mitte der 1880er Jahre von der Firma »Juan Valle y Cia« hergestellt, nachdem sein Bruder Fernando, Besitzer jener Firma, die Rechte an dieser Marke, die zuvor schon einmal den Besitzer gewechselt hatte, sein Eigen nennen konnte.

Die oben angesprochene weltweite Präsenz bringt bisweilen etwas Verwirrung mit sich, denn nicht alle Formate weisen in allen Ländern gleiche Namen auf. Deshalb sollte beim Kauf einer »Punch« dem Wissen eines erfahrenen Händlers vertraut werden, falls Ungereimtheiten hinsichtlich eines Formats auftauchen.

Links »Coronations«, rechts »Petit Coronations«

Quai d'Orsay

Der Name weist darauf hin: In irgendeiner Weise hat die Marke »Quai d'Orsay« mit Frankreich zu tun. Dem ist auch so, denn die noch recht junge *Marca del Habano* – entwickelt in den 1970er Jahren – führten zunächst nur gute Tabakfachgeschäfte in Frankreich. Mittlerweile sind diese handgemachten Longfiller – benannt nach einer berühmten Straße in Paris am Ufer der Seine – auch außerhalb der Grande Nation zu haben.

Links »Gran Coronas«, rechts »Imperiales«

Quintero

Sie gehören mittlerweile zu den bekanntesten Havanna-Marken, nicht zuletzt deshalb, weil sie weltweit vertreten sind, und so haben sie in vielen Ländern ihre feste Anhängerschaft. Gemeint sind die »Quinteros«.

Ursprünglich waren, im strengen Sinne, die »Quinteros« gar keine Havannas, weil zum einen Tabak verwendet wurde, der nicht aus der Vuelta Abajo kam, und zum anderen die Produktionsstätte nicht in Havanna lag. Die befand

sich in Cienfuegos, einer Stadt an der Südküste Kubas westlich der Anbauregion Remedios. Dort, in Cienfuegos, eröffnete Agustín Quintero Mitte der 1920er Jahre eine kleine Zigarrenmanufaktur, nachdem er zuvor, wie auch seine vier Brüder, in besagter Region Brot und Arbeit gefunden hatte.

Quintero muss gute Zigarren gemacht und wohl auch gut gewirtschaftet haben, denn 1940 konnte er in die Hauptstadt ziehen und hier seinen Traum Wirklichkeit werden lassen: die Fertigung erstklassiger Havannas. Zusammen mit seinem ältesten Bruder gründete Agustín die Zigarrenfabrik »Quintero y Hno.«, und mit den gleichnamigen Zigarren brachten sie Havannas auf den Markt, die relativ mild waren, sich also von den meist kräftig schmeckenden Erzeugnissen anderer Hersteller abhoben.

Ramón Allones

Nach der »Por Larrañaga« – sieht man einmal von der »Cabañas« ab – ist die »Ramón Allones« die älteste Havanna-Marke, die heute noch produziert wird. Das geschieht in der »Partagás«-Fabrik, in der sie seit Mitte der 1820er Jahre, als die berühmte Zigarrenmacherfamilie Cifuentes die Fabrik übernahm und gleichzeitig die Rechte an der »Ramón Allones« erwarb, hergestellt wird. Hier war (und ist) auch die Heimat der Marken »Bolívar« und »Partagás« – und hier befindet sich die »Ramón Allones« in bester Gesellschaft, denn wie die zwei erstgenannten, so wartet auch die »Allones« aufgrund eines recht hohen Anteils von Ligero mit einem relativ starken Aroma auf.

Das war schon 1837 so, als Ramón Allones, ein gebürtiger Galizier, die nach ihm benannte Marke ins Leben rief. Allones war aber nicht nur ein guter Zigarrenmacher, sondern auch ein Mann, der etwas – obwohl man den Ausdruck seinerzeit nicht kannte – von Marketing verstand ...

Ramón Allones kam im Jahre 1830 als galizischer Einwanderer auf Kuba an. Vielleicht weil er selbst aus recht armen Verhältnissen stammte, war bei ihm ein gewisser

Hang zum Luxus zu erkennen, doch der bezog sich vornehmlich auf seine Zigarren, mehr noch auf deren Präsentation. So war er der Erste, der seine Zigarrenkisten mit farbigen Etiketten versah, die er im Steindruck samt Goldprägung herstellen ließ. Wahre Kunstwerke waren das, üppig, beinahe überladen, mit goldenen Medaillen und Schleifen.

Seine Form der Präsentation hatte Erfolg: Sie fand großen Zuspruch bei den Rauchern auf der ganzen Welt ... Und noch etwas haben die Zigarrenraucher dem gebürtigen Galizier zu verdanken: Durch die von ihm eingeführte 8-9-8-Verpackung bahnte er der »runden« Zigarre den Weg.

Romeo y Julieta

Eigentlich beginnt diese Marke erst mit dem Jahre 1903 zu leben, obwohl sie schon ein gutes halbes Jahrhundert zuvor, 1850, geboren worden war. In besagtem Jahr erwarb nämlich Fernández Rodríguez, genannt »Pepín«, die Rechte an der »Romeo y Julieta« von der Firma »Álvarez y García«, die seit 1875 den Markennamen besaß und die Zigarren auch herstellte, und zwar ausschließlich für den heimischen Markt.

Das änderte sich schlagartig, als Pepín die Geschicke der »Romeo y Julieta« in die Hand nahm. Zuvor Leiter der Zigarrenfabrik »Cabañas«, damals eine der größten auf Kuba, nahm er es zum Anlass, dort aufzuhören, als die US-amerikanische Gesellschaft »American Sumatra Tobacco« die Fabrik übernahm, um seinerseits als Unternehmer tätig zu werden, nachdem ihm zur gleichen Zeit das Angebot unterbreitet worden war, den Betrieb »Álvarez y García« zu kaufen – nebst der Marke »Romeo y Julieta«, denn das waren die einzigen Zigarren, welche die Manufaktur herstellte. »Don Pepín« ist wohl die schillerndste Figur, die seit der Geburtsstunde der ersten Havanna jene Bühne betreten hat, auf der alle möglichen und unmöglichen Geschichten gespielt worden sind, die einen Bezug zur Havanna haben.

Jedenfalls war das, was der spätere Dollarmultimillionär veranstaltete, in der Zigarrenwelt bis dato noch nicht gesehen worden. Der umtriebige Pepín, als Fachmann von der Qualität der »Romeo y Julieta« überzeugt, erkannte, welches »Ffund« er mit dem Namen des berühmtesten Liebespaares der Welt in Händen hielt, und bald brannte er ein wahres Marketing-Feuerwerk für seine Zigarren ab – mit Direktwerbung, mit Events, mit Produktwerbung, mit Promotionstouren, praktisch mit allem, was neunzig Jahre später zum Repertoire einer wirklich guten Marketing- und Werbeagentur gehören sollte. Nach wenigen Jahren war die »Romeo y Julieta« nicht nur über die Grenzen des Inselstaats hinaus, sondern nahezu in jedem Winkel der Erde bekannt und hatte eine Berühmtheit erlangt, die durchaus mit der des literarischen Liebespaares vergleichbar war.

Das war, notabene, in erster Linie auf das unermüdliche Engagement Pepíns zurückzuführen, der ständig durch die Welt reiste, um für seine »Romeo y Julieta« die Werbetrommel zu rühren. So taufte er eines seiner Rennpferde auf den

Der Balkon Romeos und Julias in Verona

Namen »Julieta«, das schließlich auf allen großen Turfrennbahnen Europas gegen die besten Galopper der Welt antrat; so versuchte er, die »Casa Giulietta« (»Haus der Julia«) mit dem berühmten Balkon in der Via Cappello 23, gelegen in der Veroneser Altstadt und Schauplatz des shakespeareschen Dramas, von den Gemeindevätern der norditalienischen Stadt käuflich zu erwerben – was zwar eine Absage nach sich zog, aber zur Erlaubnis führte, jedem Besucher dieses steinernen Denkmals der Weltliteratur eine Zigarre überreichen zu dürfen (was bis Ende der 1930er Jahre praktiziert wurde); und so belieferte er Adlige und Apanagenempfänger, Minister und Moneymaker, Playboys und Premiers, Kaiser und Könige, kurz: Spitzen der Gesellschaft und solche, die sich dafür hielten, mit der »Romeo y Julieta«, die das Konterfei des betreffenden Empfängers auf ihrer jeweiligen Bauchbinde wiedergab – die zahlreichen Aufträge für die einzelnen *Anillos* gingen in die Tausende, und nicht wenige Druckereien in Havanna, die sich auf die Herstellung bunter Lithografien spezialisiert hatten, mussten damals Sonderschichten einlegen. Einer dieser Empfänger war übrigens Winston Churchill – und da der Politiker meist großvolumige Zigarren eines ganz bestimmten Formats bestellte, erhielt, so die Überlieferung, dieses Format schließlich die Bezeichnung »Churchill«.

Zwar gibt es kein kubanisches Format, das diese Bezeichnung trägt, doch das soll der Geschichte keinen

*Von links nach rechts:
»Belicosos«, »Cazadores«, »Cedros de Luxe No. 1«, »Cedros de Luxe No. 2«, »Cedros de Luxe No. 3«, »Churchills«, »Coronas«, »Exhibición No. 3«*

Abbruch tun. Es ist ja auch nicht sicher, ob es William Shakespeare war, der das Drama um das Veroneser Liebespaar geschrieben hat. Wichtig ist jedoch, dass es dieses Stück, ohne das die Weltliteratur ärmer wäre, überhaupt gibt – und wichtig ist es für den *Aficionado,* dass er um das Format »Churchill« weiß.

Sonderschichten fielen auch für die Arbeiter und Angestellten in der Fabrik »Romeo y Julieta« an, die sich mittlerweile nach dem berühmten Markennamen der Produkte nannte, welche hier hergestellt wurden. Doch als schließlich aufgrund der immensen Nachfrage nach den bekanntesten Havannas jener Zeit ständig neue Arbeiter eingestellt werden mussten und sich die Zahl der Beschäftigten der Eineinhalbtausendgrenze näherte, zog die Belegschaft in eine neue Fabrik um. Dort wird die »Romeo y Julieta« noch heute gefertigt – eine Havanna, die wie ehedem zu den bekanntesten und beliebtesten Vertretern ihrer Spezies gehört.

Saint Luis Rey

Die in relativ geringer Stückzahl hergestellten »Saint Luis Rey« gehören mit zu den besten Havannas, die mit einem vollen Körper aufwarten. Sehr beliebt sind sie in Großbritannien, vielleicht auch deshalb, weil sie nach den Vorstellungen zweier britischer Importeure gegen Ende der 1930er Jahre auf Kuba kreiert worden sind, aber wohl auch, weil viele *Aficionados* des Inselstaates den starken Geschmack einer im traditionellen Stil hergestellten Havanna lieben.

Ein englischer Connaisseur handelt wie ein Zigarrenliebhaber aus einem anderen Land: Er befindet eine Havanna nicht deshalb für gut, weil es Landsleute gewesen sind, die bei der Entstehung einer Marke involviert waren. Jeder überzeugte *Aficionado* legt bei einer Habano Wert auf Qualität. Die muss damals schon gut gewesen sein, als die in der Vuelta Abajo ansässige Firma »Zamora y Guerra« die Vorstellungen der Importeure umsetzte und den Namen »Saint Luis Rey« 1940 registrieren ließ.

Sancho Panza

Bis vor einiger Zeit gab es sie vorwiegend in Spanien zu kaufen, die »Sancho Panza«, womöglich deshalb, weil sie Bezug nimmt auf eines der größten Werke der Weltliteratur, *Der sinnreiche Junker Don Quijote von La Mancha,* verfasst von dem spanischen Dichter Miguel de Cervantes Saavedra. Benannt sind die Zigarren nach dem pfiffigen Waffenträger und treuen Weggefährten des Don Quijote, jenes Ritters von der traurigen Gestalt, der auf seinem Pferd Rosinante alle möglichen und unmöglichen Abenteuer mutig angeht, indem er sich auch nicht scheut, den Kampf gegen Windmühlen aufzunehmen.

Das Porträt Sancho Panzas, das als Logo der Zigarrenmarke dient, wurde von einem Stich des großen französischen Grafikers Gustave Doré abgezeichnet, der die weltbekannten Illustrationen zu Cervantes' Werk geschaffen hat. Das Porträt wird rechts und links von Szenen aus dem epochalen Schelmenroman eingerahmt, die ebenfalls den Stichen von Doré entnommen sind.

Von links nach rechts:
»Belicosos«,
»Coronas«,
»Coronas Gigantes«,
»Molinos«.
Diagonal:
»Sanchos«

San Cristóbal de La Habana

Ende des Jahres 1999 offiziell eingeführt, ist diese Marke auch eine Referenz an die gleichnamige Hauptstadt Kubas. Wird die Stadt jedoch zumeist »La Habana« genannt, hört die Marke nicht selten auf das Kürzel »Cristóbals« beziehungsweise »Cristóbales«.

Mancher Raucher konnte sich mit der »San Cristóbal« zunächst nicht so richtig anfreunden, obwohl sich schon bei der Einführung ein gewisses Potenzial nicht leugnen ließ. Dieses Potenzial kommt mittlerweile gut zum Tragen, und wer sich für eines der vier Formate der »Cristóbals« beziehungsweise »Cristóbales« entscheidet, der trifft bestimmt keine schlechte Wahl.

Die Namen der *Vitolas de salida* leiten sich übrigens von vier Verteidigungsforts ab: »El Morro« bezieht sich auf das »Castillo de San Pedro de la Roca, kurz »Castillo del Morro« genannt, nicht zu verwechseln mit dem »Castillo de Los Tres Reyes del Morro« in Havanna. Diese Festung aus dem 16. Jahrhundert steht am Eingang der Bucht von Santiago de Cuba, der ehemaligen Hauptstadt Kubas, während die drei übrigen, entstanden zwischen dem 16. und 18. Jahrhundert, die Hafeneinfahrt der jetzigen Hauptstadt flankieren.

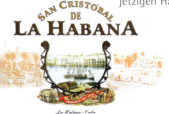

Von links nach rechts: »El Morro«, »La Fuerza«, »El Principe«, »La Punta«

Trinidad

Am 10. Mai 1999 war es soweit: Die »Trinidad« wurde in Deutschland offiziell eingeführt, gut ein Jahr nach ihrer Präsentation, die im Februar 1998 in Kubas Hauptstadt stattgefunden hatte. Rund 500 *Aficionados* waren dabei, um jene legendäre Havanna zu verkosten, die bis vor kurzem lediglich Staatsgästen des *Máximo Líder* vorbehalten war.

Die nun lebende – sprich: rauchende – Legende hielt, was sich viele von ihr versprochen hatten. Gefertigt in der Fabrik »El Laguito«, der Heimat der »Cohibas«, präsentierte sich mit der »Fundadores« – dem einzigen Format – eine sehr gute Havanna.

Mittlerweile haben drei weitere *Vitolas* zur Erweiterung des Markenportefeuilles beigetragen. Ob die »Trinidads« an die unbestreitbare Qualität der »Cohibas« heranreichen, muss jeder Raucher für sich beantworten. Fest dagegen steht etwas anderes: An die Aura, welche die Marke »Cohiba« umgibt, reicht die »Trinidad« absolut nicht heran, obwohl letztere eine vergleichbare Vorgeschichte aufzuweisen hat. Das hatten sich die Verantwortlichen der kubanischen Zigarrenindustrie gewiss anders vorgestellt. Es lässt sich eben nicht alles planen …

Ganz links: »Fundadores«
Rechts: (von links nach rechts):
»Reyes«, »Coloniales«, »Robustos Extra«

Troya

Im Jahre 1932 kreiert, wurden die »Troyas« Ende 2007 nicht mehr hergestellt. Ob es sich hier um eine vorübergehende Situation handelte, kann niemand mit Sicherheit sagen. Gut möglich, dass die Produktion wieder aufgenommen wird, denkbar aber auch, dass die Marke »Troya« schon jetzt beziehungsweise recht bald ein Fall für die Geschichtsbücher sein wird.

Vegas Robaina

Im Jubiläumsjahr der »Cohiba«, genauer gesagt im Juni 1977, offiziell vorgestellt, ist sie, von wenigen Ausnahmen abgesehen, mittlerweile weltweit zu haben. Gemeint ist die »Vegas Robaina«, die zu den jüngeren Kreationen der kubanischen Zigarrenmacher gehört.

Der Name – »Die Felder der Familie Robaina« lautet er wörtlich übersetzt – verweist auf eine der letzten *Vegas* in Privatbesitz, die auf Kuba noch existieren. Dabei kann die Plantage auf eine über 150-jährige Tradition des Tabakanbaus zurückblicken, wovon die Zahl »1845« zeugt, die auf der Bauchbinde einer jeden »Vegas Robaina« zu sehen ist und die auf die Inbetriebnahme einer *Vega* verweist, die eines der besten Deckblätter hervorbringt, die in der Vuelta Abajo geerntet werden.

Eine Referenz an die Tabakbauerfamilie mit der langen Tradition ist auch die *Vitola de salida* des Formats »Prominente«, das den Namen des jetzigen Patriarchen führt: Alejandro Robaina, der mit seinen fast 90 Jahren noch heute Tag für Tag auf den Tabakfeldern seiner Vega zu finden ist.

Die »Robainas« haben inzwischen ein feste Anhängerschaft. Das liegt nicht zuletzt an der Person Don Alejandro. Obwohl kein Zigarrenmacher, sondern Tabakbauer, verbindet hierzulande jeder Habanophile den alten Herrn eher mit einer guten Havanna denn mit dem »Rohmaterial« Tabak. Der *Veguero* gehört indes zu den ganz großen

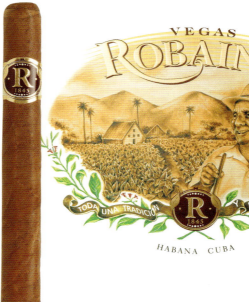

Von links nach rechts:
»Unicos 52«, »Famosos 48«,
»Don Alejandro 49«, »Clásicos 42«,
»Familiar 42«

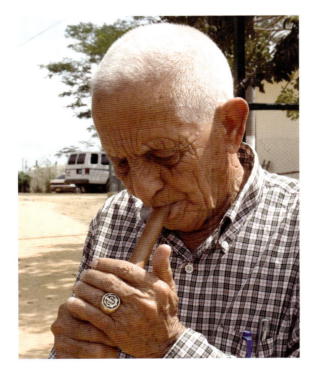

Berühmtheiten der Zigarren- und Zuckerinsel, ist er doch der einzige noch lebende Kubaner, nach dem eine Zigarrenmarke benannt ist. Durch sie ist er auch außerhalb der Karibik bekannt und sozusagen ein stiller Star geworden – mehr noch: Er ist für viele Zigarrenliebhaber eine lebende Legende. Das ist in gewisser Weise erstaunlich, kannten ihn doch noch vor zehn Jahren nur eingeweihte »Tabaker«. Erst als im Juni 1997 die »Vegas Robaina« vorgestellt wurde, änderte sich das: Als Botschafter »seiner« Marke trat der stets freundliche Tabakbauer mehr und mehr in das Licht der rauchenden Öffentlichkeit.

Alejandro Robaina, der kleine Mann mit den zahlreichen Falten im Gesicht, die bestimmt viel zu erzählen hätten, könnten sie sich verbal artikulieren – Alejandro Robaina hält sich am liebsten auf seinen Feldern auf und verlässt nur noch ungern seine heimatliche Umgebung, erst recht nicht, wenn dabei weder der Tabak noch die Zigarre eine Rolle spielen ...

Ein Wort noch zu den Zahlen, die den einzelnen Format-Bezeichnungen hinzugefügt sind: Sie geben jeweils Auskunft über das Ringmaß der betreffenden Zigarre.

Vegueros

Eigentlich waren die 1996 entstandenen »Vegueros« dazu gedacht, als maschinell gefertigte Longfiller den heimischen Markt zu bedienen. Doch da die Zigarrenwelt nahezu nach allem giert, was auf Kuba in jenen *Fábricas* hergestellt wird, in denen *Tabacaleros* arbeiten, entschlossen sich die Verantwortlichen von »Habanos S. A.«, dem immer stärker werdenden Drängen der Importeure nachzugeben und die »Vegueros« weltweit zu vertreiben.

Schon seit geraumer Zeit auch in mitteleuropäischen Breiten angeboten, präsentieren sich die »Vegueros« als wirklich gut gemachte Longfiller, die mit ihrer durchwegs kräftigen Stärke überzeugen und somit an die Havannas traditionellen Stils erinnern, wobei ihr Name eine Referenz an die zahlreichen Tabakbauern ist, die auf den Feldern mitunter einer harten Arbeit nachgehen – zum Wohle und Genuss unzähliger Zigarrenfreunde auf der ganzen Welt.

*Von oben nach unten:
»Marevas«, »Seoanes«,
»Especiales No. 2«, »Especiales No. 1«*

Formate

Churchill

Er ist in der internationalen Zigarrenwelt tagtäglich präsent, der Name des bedeutenden britischen Staatsmannes – zunächst und vor allem, wenn es um eines der wirklich großen Formate geht. Eine »Churchill« ist für viele Connaisseure genau das richtige Format, um abends in einer stillen Stunde, begleitet von einer großvolumigen Zigarre, den Tag Revue passieren zu lassen – jedenfalls ist sie ideal für einen ausgedehnten »Smoke«.

Corona

»Corona« heißt »Krone«, und nicht nur deshalb ist eine beachtliche Zahl von Zigarrenliebhabern der Überzeugung, diesem Format gebühre jene Bezeichnung zu Recht, da es über ideale Maße verfüge. So weise es zum einen genügend Länge auf und habe zum anderen ein respektables Ringmaß, um somit den Aromen die Möglichkeit zu geben, sich voll zu entfal-

ten. Dadurch komme ein Rauchgenuss auf, der sich zwar nicht über Stunden hinziehe, der aber ausreichend für einen guten Smoke sei.

Bei der Wahl des Formats verhält es sich freilich wie bei der Wahl der Zigarrenmarke: Es bleibt dem einzelnen Aficionado überlassen, die für ihn passenden Formate selbst herauszufinden. Unbenommen ist jedoch: Das traditionelle »Corona«-Format zählt zu den klassischen Zigarren-Formaten und ist nach wie vor eines der gebräuchlichsten.

Culebra

Hier handelt es sich wohl um das seltenste Format überhaupt, doch darf es ob seiner ungewöhnlichen Form an dieser Stelle auf keiner Fall fehlen.

Culebra ist das spanische Wort für »Schlange« – und so präsentieren sich denn auch in der Regel drei gewundene »Ringelnattern«, um dennoch, weil miteinander verschlungen und gemeinsam durch Bänder zusammengehalten, eine Einheit zu

bilden. Obwohl es die unterschiedlichsten Figurados gibt, ist die »Culebra« das wohl interessanteste (handgerollte) Format dieser außergewöhnlichen Spezies.

Dabei hat dieses Format eine lange Tradition. Gegen Mitte des 19. Jahrhunderts erhielten die Torcedores in den spanischen Fabriken die Anweisung, ihre Tagesration an Zigarren solcherart zu drehen. Als Dreiergebinde zusammengeflochten, entsprachen sie denn auch besagter Tagesration. Grund: Auf diese Weise sollte den Zigarrenrollern der Weiterverkauf erschwert werden – um dem Fiskus nur ja keine Steuerausfälle zu bescheren. Diese und ähnliche Maßnahmen gibt es mittlerweile nicht mehr, aber die Kunst, solche Zigarren zu rollen, die hat sich über die Jahrzehnte erhalten.

Typisch sind, wie gesagt, drei »Culebras«, die miteinander verschlungen sind – wobei sich jede praktisch um die eigene Achse dreht – und die sich als kleines Bündel präsentieren. Auf Kuba führt nur noch eine Marke ein solch kleines Bündel in seinem Portefeuille: »Partagás«. Die Torcedores dieser altehrwürdigen Fábrica scheinen jedoch die hohe Kunst des Figurado-Rollens hinsichtlich dieses Formats verlernt zu haben, denn die »Culebras« von »Partagás« – Länge: 5 3/4 Inches (≈ 146 mm), Ringmaß: 39 (≈ 15,5 mm) – werden maschinell hergestellt.

Jene angesprochene Kunst in Bezug auf dieses Format beherrschen dagegen einige Zigarrenroller in der Dominikanischen Republik. Jedenfalls hat »Davidoff« Mitte 1997 diese Zigarrenform wieder aufleben lassen und führt sie seit jener Zeit unter dem Handelsnamen »Special C« in ihrem Sortiment, wobei das »C« eindeutig auf »Culebra« verweist. Allerdings unterscheidet sie sich von ihren kubanischen Gegenstücken in ihren Maßen. So weist eine jede »Special C« bei einem Durchmesser von 13,1 Millimetern die respektable Länge von 165 Millimetern auf.

Double Corona

Wer sich mit einer »Churchill« nicht zufrieden geben will, der ist mit diesem Format bestens bedient, ist es doch, was die klassischer Maße dieses international gebräuchlichen Formats angeht, rund 20 Millimeter länger als das erstgenannte und weist ein etwas größeres Ringmaß als eine »Churchill« auf (49 zu 47).

Gran Corona und Grand Corona

Die »große Krone« (»Gran Corona«) hat wahrlich Ausmaße, die beeindrucken: Bei einem Ringmaß von 47 (≈ 18,7 mm) hat dieses Havanna-Format die stattliche Länge von 9 1/4 Inches (≈ 235 mm). Da Zigarren solchen Kalibers nicht jedermanns Sache sind, wird auf das Format »Gran Corona« auch nicht übermäßig oft zurückgegriffen, und so findet sich diese Vitola lediglich bei zwei Havanna-Marken im Sortiment: bei »Montecristo« und bei »Sancho Panza«.

Auf jeden Fall ist das Format »Gran Corona« außergewöhnlich, denn es entspricht weder dem einer »Giant«, weil es ein erheblich kleineres Ringmaß hat, noch dem einer »Churchill« – weil es um einiges länger, ja, das längste Havanna-Format überhaupt ist. Schon gar nicht ist es, wie ob der Namensähnlichkeit zu vermuten, mit dem international ausgerichteten Format der »Grand Corona« vergleichbar, denn das kann zwar dasselbe Ringmaß haben, ist aber in der Länge beträchtlich kürzer als das der »Gran Corona«.

Lonsdale

Die Maßangaben für dieses klassische Format – Länge: 6 1/2 Inches (165 mm), Ringmaß: 42 – gab einst der Earl of Lonsdale vor, als er in den 1830er-Jahren die Marke »Flor de Rafael González« stets in großen Gebinden bestellte. Das verlangte Format gab es damals noch nicht, doch der Wunsch solcher Kunden war natürlich Befehl – und so entstand dieses Format

aufgrund des liebenswürdigen Spleens eines britischen Adligen, der partout nicht davon abzubringen war, nur jene Zigarren zu rauchen, deren Bauchbinden – denn das war für ihn selbstverständlich – sein Konterfei wiedergaben und deren Maße er »kreiert« hatte.

Für viele Zigarrenraucher ist eine »Lonsdale« das Format schlechthin. Zwar weist es im Vergleich zu einer »Corona« dasselbe Ringmaß auf, wirkt aber durch seine Länge – die um einiges beträchtlicher ist – bedeutend eleganter.

Panatela

Ob nun »Panatela« oder »Panatella«, »Panetela« oder »Panetella« – gemeint ist immer das Gleiche. Durch sein geringes Ringmaß und seine durchaus ansehnliche Länge scheint das Format wie geschaffen für elegante Damenhände. Da der Mensch nach einer ausgedehnten Nachtruhe des Morgens in der Regel minimal schlankere Hände hat als in den späten Abendstunden, greifen auch schon mal am frühen Vormittag eingefleischte Aficionados gerne nach einer »Panatela« – jedenfalls ist dieses Format das bevorzugte für ihre allmorgendliche »Frühstücks-Zigarre«.

Hinweis: Der Zusammenhang zwischen frühem Morgen, schlanken Händen wie auch schlanker Zigarre ist nicht verbürgt, aber durchaus denkbar ...

Petit Corona

Oft mit demselben Ringmaß ausgestattet ist die »Petit Corona«, auch mitunter »Half Corona« genannt, um einiges kürzer als ihre größere Schwester, die »Corona« – und bietet sich daher (etwa in der Mittagspause) in idealer Weise für einen kurzen Smoke an. Da sie universell »einsetzbar« ist, gehört die »Kleine Krone« zu den gebräuchlichsten Formaten überhaupt.

Pyramide

Zwischenzeitlich etwas in Vergessenheit geraten, weil nicht ausreichend angeboten und weil nur noch wenige Torcedores die Kunst beherrschten, eine »Pyramide« perfekt zu rollen, erlebt dieses interessante Format eine gewisse Renaissance. Nahezu jede renommierte Marke bietet mittlerweile eine »Pyramide« an. Das ist erfreulich, denn die meist großvolumigen »Pyramiden« versprechen in der Regel ein angenehmes Rauchvergnügen.

Robusto

»Kräftig«, »robust« scheint dieses zunehmend beliebte Format zu sein. Wie dem auch sei: Jedenfalls vermittelt das gedrungene Erscheinungsbild einer »Robusto« mit ihrem großen Ringmaß und ihrer nicht gerade üppig zu nennenden Länge einen Zigarren-Typus, dessen voller Körper einiges an Inhalt und eine interessante Aromenvielfalt verspricht.